Rothenburgsort
Veddel

im Wandel

Stefan Bülow · Arne Wolter

Medien-Verlag Schubert

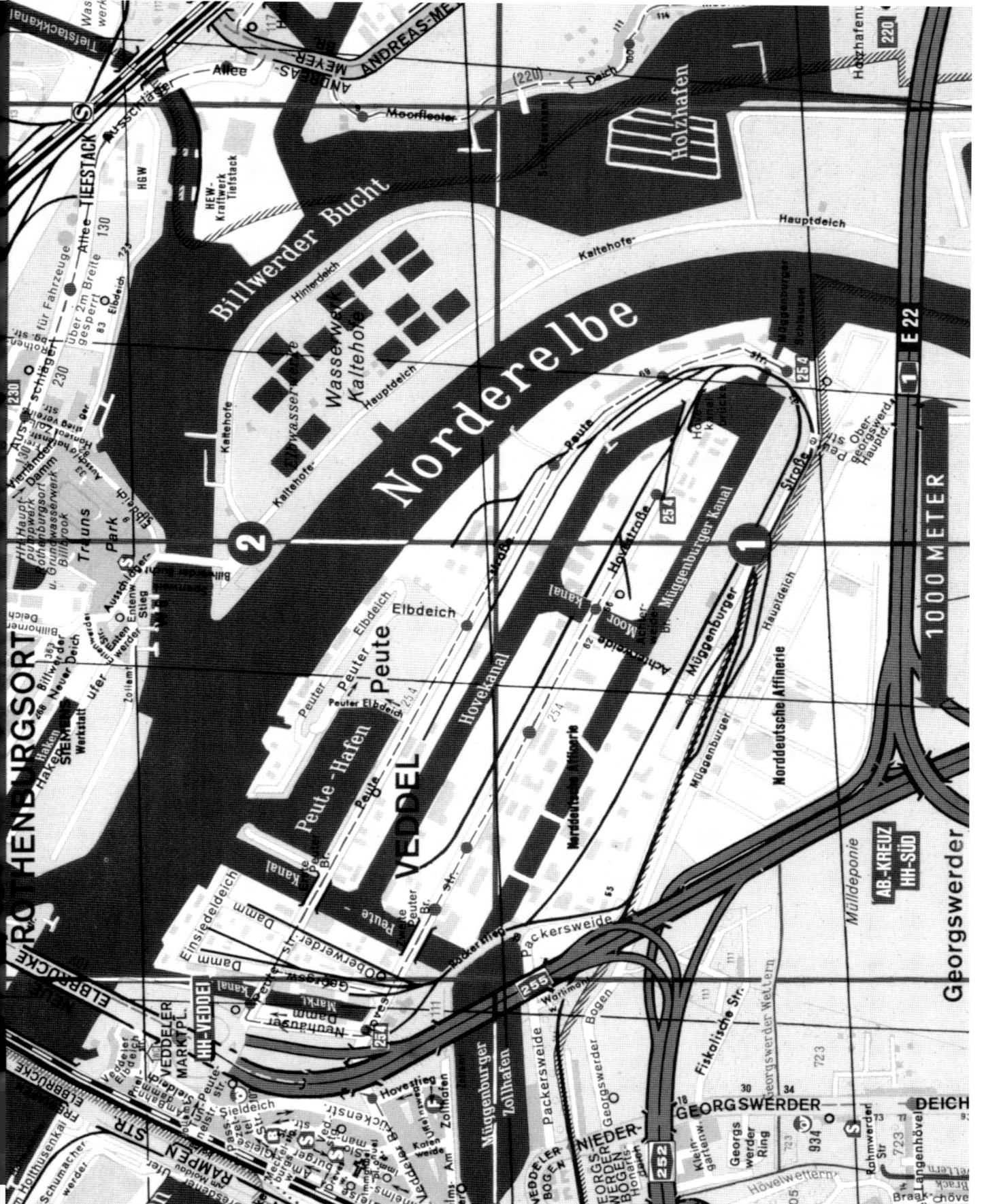

Im Mittelpunkt der Aufnahme von 1921/22 läuft die Straße »Billhorner Deich« auf die Bille zu, nachdem er den Billekanal überquert hat (von unten nach oben). Scharf nach links abknickend führt der »Billhorner Deich« über die Grüne Brücke, die die Billeufer miteinander verbindet (oberer Bildrand).

Titelseite: Das reizvolle Wassertürmchen auf der Insel Kaltehofe - hier plant der Senat ein neues Wohngebiet zu erschließen.

Rücktitel: Die 1931 aufgenommene Norder-elbe mit den Elbbrücken im Hintergrund. Rechts der Ende der 80er Jahre abgerissene Gasometer zwischen Bergedorfer Heerweg und Ausschläger Allee.

Rothenburgsort

Veddel

im Wandel
in alten und neuen Bildern

Fotografiert von Stefan Bülow
mit Texten von Arne Wolter
und Dr. Jürgen Ehlers

ISBN 3-9802319-6-8

© 1992 by Medien-Verlag Schubert, Hamburg

Satz: Medien-Verlag Schubert
Lithographie: Gries GmbH
Druck: C. H. Wäser, Bad Segeberg
Printed in Germany

Inhaltsverzeichnis

Das Elbe-Urstromtal

Hamburgs Stadtteile Veddel und Rothenburgsort befinden sich im »Elbe-Urstromtral«. Diese besondere Art des Tales muß auf die Einwirkungen der letzten großen Eiszeit zurückgeführt werden. Die Weichsel-Eiszeit vor 15.000 bis 20.000 Jahren hat das Tal in seiner heutigen Form ausgestaltet. Damals war ganz Nordeuropa von riesigen Eismassen bedeckt. Doch bei Beginn der Eisschmelze brauchte das Schmelzwasser Wege, in denen es abfließen konnte. So floß das Schmelzwasser des Eises vor dem Eisrand der Gletschermassen nach Westen ab. Die abfließenden Wasser höhlten das Elbe-Urstromtal in seiner bestehenden Form aus.

Das Einzugsgebiet dieses Urstromes ist aber nicht auf den Norden Deutschlands beschränkt. Bis in die Gegend des russischen Minsk reichten Ausläufer des mächtigen Schmelzwasserstromes.

Abhängig von Verlagerungen des Eisrandes traten weiter im Osten Europas mehrfach Laufverlegungen des Urstromes auf. Daher sind drei Urstromtäler zu unterscheiden:

Es gibt das Glogau-Baruther, das Warschau-Berliner und das Thorn-Eberswalder Urstromtal. Alle diese Abflüsse von eiszeitlichen Gletschern finden ihren gemeinsamen Unterlauf, der sich über Hamburg und Cuxhaven bis in die Nordsee verfolgen läßt. Während der Eiszeit war der Spiegel der Weltmeere übrigens um 150 Meter abgesenkt. Die südliche und mittlere Nordsee lagen also trocken.

Die Schmelzwasser der Weichsel-Eiszeit gruben sich im Hamburger Raum über 20 Meter tief in den Untergrund ein. Der Abfluß des Schmelzwassers der Gletscher rieb ältere Erdschichten auf und trug sie ab. So wurden im Bereich von Rothenburgsort und der Veddel sogar Schichten des Tertiärs - der Braunkohlenzeit - ausgewaschen.

Nur an wenigen Stellen von Veddel und Rothenburgsort sind daher noch Reste von Ablagerungen der Elster-Eiszeit erhalten. Die Überbleibsel dieser ersten Eiszeit im Hamburger Raum wurden durch das Auftreten der Weichsel-Eiszeit ausgespült.

Im Elbtal fehlen auch Erdschichten, die auf Aufschüttungen der zweiten großen, sogenannten Saale-Eiszeit, zurückzuführen sind. Man weiß aber aus Untersuchungen in angrenzenden Ländereien, das die Höhen der Geest des Elbtales schon gegen Ende der Saale-Eiszeit entstanden sind. Also müssen in der letzten Warmzeit vor der heutigen bereits die Läufe von Alster, Bille und Seeve in einen Vorläufer der Elbe geflossen sein.

Am Ende der Weichsel-Eiszeit vor etwa 15.000 Jahren, als die Kraft der Schmelzwasser des Urstromes nachließ, wurde das Urstromtal allmählich mit Kies und Sand aufgefüllt. Diese grobkörnigen Schichten stellen einen wichtigen Grundwasserleiter dar und werden in der Süderelbmarsch sowie in Curslack von den Hamburger Wasserwerken zur Trinkwassergewinnung genutzt.

Im Bereich von Rothenburgsort und der Veddel reicht die Qualität des Wassers allerdings für eine Trinkwassernutzung nicht mehr aus.

Im Holozän nach dem Ende der Weichsel-Eiszeit stieg der Wasserspiegel an. In den Tälern sammelte sich Wasser. Die Bildung großer Moore war die Folge.

Doch um 2500 vor Christi wurden auch die Moore vom weiter steigenden Meeresspiegel überflutet. Allerdings war das eindringende Wasser kein Meerwasser, sondern der Rückstau des Elbstroms. In Ufernähe wurden sandige Uferwälle aufgeschüttet, in größerer Entfernung der Flußrinnen dagegen feinkörnige Ton- und Schluffschichten abgelagert - sogenannter Klei.

Die Marsch war zunächst von vielen kleinen Flußrinnen durchzogen, die häufig ihr Bett verlagerten. Erst mit der Eindeichung im Mittelalter wurden die Elbarme festgelegt. Danach hatte auch die Klei-Ablagerung ein Ende.

Rothenburgsort - vom einstigen Dorf zum heutigen Stadtteil

Die Marschen werden eingedeicht

Vor nicht einmal 1.000 Jahren: Das Betreten des heutigen Rothenburgsort ist wenig empfehlenswert. Der auch offiziell so benannte »Billwärder Ausschlag« stellt eigentlich nur eine uneingedeichte Wiese auf der Elbinsel Billwärder dar. Allerdings kann diese Wiese nur in den Sommermonaten als Weideland genutzt werden.

Frühestens 1162 lassen sich Bewohner auf der inzwischen wahrscheinlich zum Teil eingedeichten Insel nieder. Doch erst 1310 können die Marschzonen in Allermöhe, Billwärder und Moorfleet gänzlich als geschützt gelten - in diesem Jahr findet die verbürgte Eindeichung der Marschlanden statt.

Die Bezeichnung »Ausschlag« führt auf den niederdeutschen Begriff »Utslag« zurück. Die Insel außerhalb des Deiches vor dem Dorf Billwärder ist der zunächst vor dem Deiche liegende Teil des bäuerlichen Weidelandes. Die Bauern des Dorfes nutzen gern im Sommer ihre Koppeln auf dem saftigen Weideland des Billwärder Ausschlags. Die zusätzliche Trift ist in der grünen Jahreszeit willkommener Landgewinn. Im Winter überspülen Bille und Elbe die Insel - für bäuerliche Zwecke ist der »Utslag« dann nicht zu nutzen.

Bäuerliche Kultur im Mittelalter

Die bäuerliche Kultur der Elbmarschen ist bis ins hohe Mittelalter zunächst stark geprägt vom Freiheitssinn der altgermanischen Familien im Raum der Elbe. Ganz im Gegensatz zu Clans östlich von Elbe und Oder leben die

Bäuerliche Landwirtschaft, im Mittelalter beginnend, ist bis in das späte 17. Jahrhundert für das Gesicht des Billwärder Ausschlags prägend. Erst im Zuge mehrerer verheerender Sturmfluten wird das Ackerbauwesen in Rothenburgsort auf ein nur noch geringes Maß zurückgestutzt.

Bauern ihr Unabhängigkeitsbedürfnis räumlich deutlich aus. Weit verstreut liegen die Höfe über das Land verteilt. Nur zu den regelmäßigen Treffen der Dorfältesten und zu öffentlichen Versammlungen kommen die Vertreter der bäuerlichen Familien zusammen.

Sowohl die germanischen als auch die slawischen Völker des Elbraums sind kaum staatlich organisiert. Ein größeres Gemeinwesen, wie es das römische Volk zum Beispiel im Mittelmeerraum praktiziert, wird abgelehnt. Diese Form des Zusammenlebens gilt als einschränkend und unfrei.

Nur in kriegerischen Zeiten rücken die Bauern enger zusammen. Dann unterstellen sie ihre Macht und ihre Sippschaft einem lockeren Bauernzusammenschluß unter der Führung eines Herzogs.

Erst im Zuge der Christianisierung und Landerweiterung durch das Vordringen der fränkischen und römischen

Kultur setzt sich eine staatliche Organisation der Bauern im Elbraum durch. Die Könige als Herrscher über große Territorien auf deutschem Raum brauchen zur Festigung ihrer Macht eine starke Zentralgewalt, die sich in den einzelnen Landstrichen mit Statthaltern durchsetzen läßt.

Den Bauern wird absolute Gefolgschaft abverlangt, der Gesellschaft das Lehnswesen aufoktroiert. Die Bauern müssen nun Unfreiheit ertragen. Die Gesellschaft wird in drei Klassen von »Freien«, »Halbfreien« und »Unfreien« aufgeteilt.

Der Statthalter im Range eines Grafen übernimmt in den einzelnen Gauen die Rechtspflege und vertritt den König als Landesherrn. Der Graf ist zugleich der Lehnsherr seines Landstrichs - durch die Erträge des Lehens erhält er seinen Sold. Angesehene und reiche Bauern aus altehrwürdigen Geschlechtern werden zudem in den Stand

Der Traunspark ist 1614 von Johann Rodenborg, Enkel des gleichnamigen Bürgermeisters, erworben worden - dieses einst 27,5 Hektar große Areal stellt den Grundstock für das heutige Rothenburgsort dar. Der Name des Stadtteils weist heute noch auf den historischen Zusammenhang hin. Das einst einflußreiche Geschlecht der Rodenborgs verewigt sich so nachhaltig in der Hansestadt.

der Freien zugelassen, erhalten ebenfalls Lehen und darüber hinaus das Stimmrecht bei Versammlungen sowie bei Gericht. Allerdings müssen sie sich dem König gegenüber zur Waffentreue verpflichten.

Unter der Klasse der Freien gibt es dann nur noch »Bürger zweiter Klasse«. Halbfreie sind ehemalige Knechte mit einem kleinen Stück Land, doch ohne gesellschaftliche Verantwortung. Die Unfreien sorgen jedoch für die wirtschaftliche Basis der Lehen. Sie dürfen zwar zu eigenem Zweck ein Stück Land bewirtschaften, doch ihre Hauptaufgabe besteht in verpflichtenden Spanndiensten für ihren Lehnsherren.

Ein Ratsmann kauft Rothenburgsort

Graf Adolph I. von Horn ist der erste bekannte Besitzer des Gebiets vom heutigen Rothenburgsort. Ihm gehö-

ren im 14. Jahrhundert die Ländereien vom Billwärder Ausschlag sowie die Inseln Billwärder und Kaltehofe.

1383 verkauft der Graf sein Land an den Hamburger Ratsmann Johann Hoyer für 2.000 Mark Lübsch. Durch diesen Verkauf fällt nicht allein der Grundbesitz an die Hansestadt. Ihr gehören künftig alle Gerechtsamen, also sämtliche Nutzungsrechte im neuerworbenen Areal.

Die Stadt macht sich zügig an die weitere Urbarmachung des Billwärder Ausschlags. 1397 wird das Gelände in den Deichverband aufgenommen. Die Stadt übernimmt die erste Winterbedeichung. Nun kann auch auf diesem Teil Billwärders sicheren Fußes gesiedelt werden. Schnell finden sich erste Kolonisten auf dem neugewonnenen Stück Land der Hansestadt ein. Die Verbindung zum festen Teil der Stadt wird durch eine Fähre gewährleistet. Erst 100 Jahre später kann je-

doch der östliche Teil des Ausschlags ebenfalls der Eindeichung unterzogen werden. Um 1490 verläuft nun also die Deichlinie auf der Strecke Ausschläger Deich, Billhorner Deich, Bullenhuser Damm bis zum Ausschläger Billdeich.

Nach der Eindeichung der fruchtbaren Marschen geht es an die Schaffung der weiteren Infrastruktur. Als erste Schleuse wird 1492 die Bullenhuser Schleuse geschaffen. Die Deichschleuse erhält ihren Namen durch ihren ersten Vogt. Hans Bulle wird zugleich zum Namenspatron für die Umgegend der Schleuse, die man künftig als »Bullenhusen« bezeichnet. Bulle ist Beamter der Stadt. Zuverlässig und treu übernimmt er zusätzlich zu den Aufgaben des Schleusenvogts auch verschiedene Reisen im Auftrage des Rats der Stadt. Sein Wohnhaus - eben Bulle's Huus - gilt den Menschen schnell als Symbol ihres Landstrichs.

Nach der großen Flut 1625 bricht auch die Bullenhuser Schleuse. Rat und Kämmerei suchen einen neuen Platz für das geborstene Billesperrwerk. An der Billemündung beim Hof des Senators Johann Brand ist genug Platz für den Schleusenbau. Die Brandshofer Schleuse ist auch heute noch schützendes Bollwerk vor dem »blanken Hans«.

Der Bau der Schleusenbrücke nach Hammerbrook bringt dem Gebiet schließlich um 1494 eine weitere Verknüpfung zu einem Nachbarquartier. Allerdings können sich die Bürger des Ausschlags nicht lange an ihrem Wahrzeichen erfreuen. Keine 100 Jahre danach, nämlich 1587, fällt Bulle's Huus gemeiner Brandstiftung zum Opfer. Die Sicherheitsorgane sind aber auf Draht und rächen den Anschlag auf das ehemalige Haus des Schleusenvogts bitterlich.

Die Täterin, Grete Storticker, muß für ihren Frevel übel büßen. Keine zehn Tage, nachdem man ihre Tat entlarvt hat, wird sie bei lebendigem Leib in der Nähe von Schiffbek »geschmäuchert«.

Ähnlich wie Bullenhusen seinen Namen durch den damaligen Schleusenvogt Hans Bulle erhält, führt der Titel des heutigen Rothenburgort auf eine Familienbezeichnung zurück.

Vom 16. bis zum 18. Jahrhundert lebt nachweislich im Gebiet des heutigen Stadtteils der Hansestadt Hamburg die Familie Rodenborg.

Ihr Grund und Boden befindet sich zum Teil auf dem Gelände des heutigen Pumpwerks. Johann Rodenborg, Enkel des gleichnamigen Bürgermeisters, erwirbt 1614 den 27,5 Hektar mächtigen Besitz auf dem Ausschlag. Dieses Anwesen ist übrigens der Grundstock des heute für Rothenburgsort so wertvollen Grüns vom Traunspark.

Das Geblüt der Rodenborgs ist sehr einflußreich. Mehrere Ratsherren und Senatoren der Stadt stammen aus diesem Geschlecht. Nicht umsonst nennen daher die Anlieger des Rodenborgschen Anwesens ihre Gegend nach dem hochherrschaftlichen Geschlecht. »Rodenborg's Ort« wird auf diese typische Weise zum Vorläufer des heutigen Stadtteils.

Der Deich bricht

1625 bringt ein verheerender Deichbruch große Not über den Landstrich. Weite Teile des Gebiets um Rothenburgsort melden »Land unter«. Die Wassermassen haben das Viertel überschwemmt. Auch die Bullenhuser Schleuse kann dem blanken Hans nur schwachen Widerstand leisten. Unter dem Druck der Fluten bricht schließlich das Schleusenwerk.

Ein Neuaufbau ist dringend erforderlich, um den alten geschützten Zustand der Bewohner von Rodenborg's Ort zu gewährleisten. Rat und Kämmerei gehen an die Neugestaltung der Deiche und Anlagen. Die Billschleuse soll nun nicht mehr an ihrem einstigen Platz entstehen. Die städtischen Behörden haben eine Stelle an der Billmündung beim Hof des Senators Johann Brand (1585 bis 1652) vorgesehen. Dort wird das schützende Bollwerk wiedererrichtet.

Die Eindeichung des Ausschlags hinterläßt deutliche Spuren im Quartier. Die Entwicklung des dünn besiedelten Landstrichs zur Gemeinde ist unaufhaltsam. Schon 1626 wird den Bauern eine außergewöhnliche Umstellung abverlangt: Die zuständigen Kirchenbehörden verfügen, daß im Gottesdienst fortan allein in der hochdeutschen Sprache gepredigt werden darf.

Der Weg Rothenburgsorts in den Schoß der nachbarlichen Hansestadt wird unumkehrbar. Der Billwärder Neue Deich macht im gleichen Jahr das Gebiet sicherer, die grüne Brücke sorgt für die Verknüpfung des Ausschlags mit der Stadt.

Inzwischen sind längst die Kaufleute der Hanse auf das schöne Viertel im Grünen aufmerksam geworden. Rothenburgsort gilt den reichen und wohlhabenden Bürgern als angenehmes Fleckchen Erde - hier lassen sich Mußetage und Ferien wohl genießen. Immer mehr Bürger versuchen, den Bauern ihr Land abzukaufen.

Die schwere Flut von 1661 kommt diesem Anliegen der Kaufleute zu Gute. Die Fluten, die erneut wild durch den Deich branden, hinterlassen so drastische Schäden, daß kaum ein Bauer in der Lage ist, sein Gehöft wiederaufzubauen.

Die Deichschuld der Ackersleute trägt zum Untergang des Bauernstandes in Rothenburgsort bei. Die Landwirte können ihre Verbindlichkeiten nicht mehr aufbringen. Viele Bauern sind zum Verkauf ihres Besitzes gezwungen. So schlägt die Stunde der Handelsleute.

Die vermögenden Bürger kaufen die Höfe auf und übertragen die Landgüter meist Pächtern oder Verwaltern. Auf dem neuerworbenen Land errichten die Kaufleute prächtige und elegante Landhäuser.

Die neuen Anwohner hinterlassen bald ihre Spuren im Ort. Die verwöhnten Kaufleute aus der Innenstadt wollen natürlich nicht auf bäuerlichen

Die schweren Fluten hinterlassen öde Wüsten auf dem Billwärder Ausschlag. An Ackerbau ist auf den ruinierten Marschböden kaum noch zu denken. Schnell greifen vermögende Kaufleute zu und kaufen den notleidenden Bauern ihren Boden ab. Rothenburgsort wird Lustgartenviertel der Geschäftsleute. Das Bild der Straßen und Wege ändert sich: Die neuen Besitzer verlangen ordentlich gepflasterte Routen zu ihren Landhäusern. Aufgrund des Begehrens wird die Strecke beim Bullenhuser Schleusenwirt als einer der ersten Wege in Rothenburgsort befestigt.

Feldwegen zu ihren Lustgärten gelangen: 1703 wird der erste gepflasterte Weg bei der grünen Brücke (der einzigen Verbindung in die Stadt) nachgewiesen. Von 1747 bis 1757 werden auch der Anschluß zum Borgfeld - der Ausschlägerweg - die Strecke beim Bullenhuser Schleusenwirt und der Billhorner Deich bis zu Rodenborg's Hof am Elbdeich befestigt.

Sämtliche Arbeit zur Verbesserung der Infrastruktur des Quartiers erweist sich jedoch 1771 abermals als vergebliche Mühe. Eine neuerliche gewaltige Sturmflut verursacht den Bruch des Neuengammer Deichs. Die Wühltätigkeit von Ratten und Mäusen soll dessen Brüchigkeit begünstigt haben.

Innerhalb kürzester Zeit steht die ganze Elbniederung bis zur Horner Geest unter Wasser. Erst drei Tage nach dem Deichbruch erreicht der Wasserpegel seinen höchsten Stand - am 21. Juli 1771. Nur ganz allmählich läßt der Wasserdruck nach. Die Schäden, die die große Flut hinterläßt, sind beträchtlich: Zahlreiche Häuser werden demoliert vorgefunden, unzählige Kadaver ertrunkenen Viehs angeschwemmt. Die Landwirtschaft trifft erneut ein harter Schlag:

Durch die langanhaltende Überflutung sind Weideflächen in großem Maße verödet. Der Ackerbau in den Marschen ist für viele Jahre unmöglich.

Drei Jahre später setzen die Bürger Rothenburgsort diesem schrecklichen historischen Ereignis ein Mahnmal: Eine Pyramide mit Angaben zum Wasserpegel und den Ereignissen während der Flut erinnert künftig vor dem Deichtor an das gewaltige Hochwasser. Heute steht diese Pyramide übrigens zurückversetzt in Nachbarschaft zur Grünen Brücke - der Bau der Bergedorfer Eisenbahn machte 1887 diese Umsetzung erforderlich.

Die fürchterliche Sturmflut kann dennoch die Besiedlung des Ausschlags durch Kaufleute nicht aufhalten.

Die Handelsleute lassen sich durch die Hochwassergefahr nicht abschrecken. Bereits 1796 existieren auf dem Landstrich 13 Lustgärten.

Auf dem Weg in das industrielle Zeitalter

Die industrielle Entwicklung läßt nicht lange auf sich warten. Der technische Fortschritt und der Gang in das indu-

1848 kann der Senat die Fertigstellung der Stadtwasserkunst vermelden. Der 65 Meter hohe Turm des modernen technischen Bauwerks entwickelt sich in nur kurzer Zeit zum neuen Wahrzeichen des Stadtteils.

strielle Zeitalter machen auch vor Rothenburgsort nicht Halt. Anfang des 19. Jahrhunderts treten verstärkt Gewerbebetriebe, später ganze Industriezweige im Stadtbild auf. Die Besetzung Hamburgs durch französische Truppen während der napoleonischen Kriege bringt dem Ort jedoch zunächst erhebliche Einbußen. Da die Hansestadt mitsamt ihrem Umland dem französischen Kaiserreich zugeschlagen wird, schaffen die Soldaten zahlreiche Militärquartiere, Schanzen und vielerlei Verteidigungsanlagen. Requisitionen zehren an Hab und Gut der Bürger auf dem Billwärder Ausschlag. Ein übriges tut das Vorrücken der russischen Befreiungsarmeen während der Befreiungskriege. Zahllose Häuser und Mühlen fallen dem Krieg durch Brandschatzung zum Opfer.

Nach der Franzosenzeit erholt sich das Quartier an Bille und Elbe jedoch zusehends. Die Einwohnerzahl des Stadtteils steigt beachtlich. Schon vor Beginn der französischen Besetzung lebten auf dem Ausschlag und bei Bullenhusen 1.360 Menschen. 1826 sieht man sich gezwungen, am Billwärder Neuen Deich eine erste Privatschule zu eröffnen. 1830 erfolgt eine Neuordnung der Verwaltungs-

strukturen. Die Landherrschaft von Bill- und Ochsenwärder wird zu Gunsten einer Landherrenschaft der Marschlande aufgehoben. Der Billwärder Ausschlag erhält den Status einer Vogtschaft.

Der große Brand von 1842 hat auch Auswirkungen in Rothenburgsort. Direkt vom Brand sind zwar nur die Zonen der Innenstadt betroffen. Doch insbesondere die Zerstörung der Wasserkünste am Jungfernstieg und am Graskeller durch die Feuersbrunst läßt Rothenburgsort zu einer festen Größe im Wiederaufbau der Stadt werden. Die Wasserkünste sollen nämlich künftig ihren Platz auf dem alten Ausschlag finden.

Ein Grundstück der Familien Rodenborg und Stresow kommt dem Senat wie gerufen. Nach dem Erwerb des Geländes läßt Hamburgs Regierung dort 1844 sein erstes städtisches Wasserwerk errichten. Nach vier Jahren intensiver Bautätigkeit kann der Senat 1848 die Fertigstellung der neuen Stadtwasserkunst mit dem alles überragenden 65 Meter hohen Wasserturm als fertiggestellt vermelden. Die 20 Zoll starke Hauptrohrleitung führt zum Brandshof - auf der Strecke wird das Rohr mit einem Damm ge-

schützt. Den Billwärder Weg tauft man nach dieser Baumaßnahme zum Billwärder Röhrendamm um.

Der Turm der Stadtwasserkunst entwickelt sich alsbald zum Wahrzeichen des Quartiers. Als sein geistiger Schöpfer kann durchaus der berühmte Hamburger Baumeister Alexis de Chateauneuf betrachtet werden, der die für den Turm prägende schlichte Backsteinbauweise zum Musterbeispiel sachlichen Hochbaus erklärt hatte.

Die Gesamtanlage der Stadtwasserkunst selbst stammt allerdings aus der Feder des ebenfalls bekannten Architekten William Lindley, der seine Inspiration in der Zusammenarbeit mit Vertretern der Londoner New-River-Wasserwerke findet. Die Stadtwasserkunst versorgt zunächst den wieder aufgebauten Stadtteil und schließlich nach mächtigem Ausbau die gesamte Hansestadt mit Frischwasser. Das technische System erwies sich als innovativ. Mit dem Wasserturm wird kein Wasserhochbehälter geschaffen; vielmehr dient das Bauwerk der automatischen Druckregulierung. In der Mitte des Turms befindet sich ein Steigrohr, daß das Wasser in das Leitungssystem übertreten läßt.

Sogar die energiesparende Bauweise macht die Anlage zu einem Wasserwerk, das seiner Zeit um Längen voraus ist: Der Rauch der Antriebs-Dampfmaschine führt durch Schornsteine im Turm. Mit diesem technischen Trick wird das Einfrieren der Wasserrohre während der Winterzeit vermieden. Erst nach der Jahrhundertwende steht die Ablösung des Turms der Stadtwasserkunst und seiner Mechanik an.

Die Fertigstellung der Stadtwasserkunst setzt ein deutliches Signal und gibt dem Stadtteil einen neuen Akzent.

Die Besiedlung durch Städter am Gelände des Röhrendamms und zeitgleich die Erweiterung des Gewerbe- und Industrieraums verändern das Gesicht Rothenburgsorts nachhaltig.

Der Bau der Hamburg-Bergedorfer Eisenbahn mitten durch den Ort tut ein Übriges. Diese völlig neue Form der Erschließung des Gebiets schafft eine weitaus günstigere Infrastruktur als bisher. Das Gelände lädt Industriebetriebe zur Niederlassung ein.

Innerhalb kürzester Zeit kommen während der Mitte des 19. Jahrhunderts Betriebe der verschiedensten Wirtschaftszweige nach Rothenburgsort. Essig- und Boraxfabriken, Pottbäckereien, Papiermühlen, Bäckereien und drei Brennereien sorgen für eine vielfältige Branchenstruktur der entstehenden Gewerbeansiedlung.

Die Beseitigung von Handelshemmnissen durch die städtische Regierung erleichtert die Existenz und die Produktion schon 1860. Die Torsperre wird aufgehoben, die Zollgrenze verlagert sich im Zuge dieser Maßnahme augenfällig weiter in die Landgebiete.

Diese Gesetzesänderung hat natürlich nicht allein auf die Handel- und Gewerbeansiedlung großen Einfluss. Die Bürger des inneren Stadtgebiets entdecken schnell die Attraktivität des Siedelns in Hamburgs kleinem Nachbarort.

Rothenburgsort entwickelt sich mit seinen großzügigen Lustgärten und nicht zuletzt wegen seiner attraktiven Wassernähe zu einem beliebten Vorort. Je näher das Gebiet des Ausschlags an die Stadt grenzt, desto deutlicher treten die Züge der Vorstadt hervor.

In den letzten 50 Jahren seit Beginn des 19. Jahrhunderts hat sich die Einwohnerzahl vervierfacht. Mehr als 4.000 Bürger haben Rothenburgsort zu ihrem Wohnsitz erkoren und profitieren so von den Vorzügen der Stadtnähe und zugleich dem Liebreiz des grünen Wohnorts. Wohnen am Wasser gilt als schick - und löst die Wohnungsprobleme der Hamburger Innenstadt.

Rothenburgsort wird Vorstadt

Die städtischen Behörden tragen bald der neuen Entwicklung Rechnung. Im Zuge der Einführung der preußischen

Die Torsperre wird 1860 aufgehoben, für die Handelsstadt Hamburg bedeutet dieser Akt die Aufhebung eines wesentlichen Handelshemmnisses. Dadurch verlagert sich die Zollgrenze immer weiter in die Landgebiete - vor den Elbbrücken deutlich zu erkennen (im Vordergrund): Der Entenwerder Zollhafen.

Wohnungsbau tut Not. Nachdem Rothenburgsort zur Vorstadt erhoben ist (1871), wächst die Zahl der Bürger immens. Innerhalb von nur wenigen Jahren zählt der Stadtteil 3.000 neue Bürger. Vor allem der nahe Hafen und seine Arbeitsplätze lassen zahlreiche Arbeiter in das Viertel ziehen. Die Bebauung trägt dieser Entwicklung Rechnung. Eine Vielzahl neuer Wohngebäude prägen das Bild des heranwachsenden Stadtteiles.

Landgemeindeverordnung bei der Konstitution des Deutschen Reiches (1871) wird auch der Status des Viertels Rothenburgsort verändert. Die stadtnahen Ortschaften löst man aus ihren bisherigen Landgemeinden heraus und ordnet sie der städtischen Zentralverwaltung zu.

Mit diesem Verwaltungsakt wird die zunehmende Bedeutung Rothenburgsorts als Vorort auch formell unterstrichen.

Den zahlreichen Bewohnern - mittlerweile leben 7.200 Bürger vor den Toren der Hansestadt - kommt diese Aufwertung nur recht. Zahlreiche gesellschaftliche Institutionen finden ihren Ursprung in dieser Zeit des Aufbruchs.Rothenburgsort als Vorstadt muß natürlich auch seine Interessenvertretung finden: Da liegt die Gründung eines Bürgervereins nahe. 1875 gründen 55 engagierte Menschen die erste Kommunalvertretung der Bürger vor Ort. Schnell faßt der kleine Verein Tritt. Im gemeinsamen Schaffen für den Stadtteil erweist sich der Bürgerverein als ein wesentliches Organ und Sprachrohr zur Vermittlung der Bürgerbelange. Die Sicherheit der öffentlichen Ordnung, der Schutz vor dem »blanken Hans« und die Mitgestaltung am Ausbau der öffentlichen Anlagen sowie des Stadtbildes sind zentrale Anliegen der jungen Interessenvertretung.

In die gleiche Zeit wie die Gründung des Bürgervereins fallen die Gründung ähnlicher Einrichtungen des Gemeinwohls und der Geselligkeit. So ertüchtigen sich seit 1880 die Sportler des Hamburg-Rothenburgsorter Turnerbundes, seit 1881 lassen die Klangkünstler des Sängerbundes ihre Stimmen erschallen. Der Aufbau dieser kameradschaftlichen Vereinigungen spiegelt den Zeit-Geist wieder: Man organisiert sich in einer festen Institution, die im Stadtteil verwurzelt ist und für die man einstehen kann.

Die Gründerzeit des Deutschen Reiches hinterläßt auch im Vorort Rothenburgsort deutliche Spuren im gesellschaftlichen Leben der mittlerweile über 10.000 Menschen.

Nicht allein das gesellige Leben findet seinen Wiederhall in der Gründung zahlreicher Vereine. Auch die Kirche bemüht sich deutlich um größere Nähe zu den Rothenburgsortern. Das nächste Kirchspiel ist Kilometer entfernt. Die Neigung der Anwohner zum Gottesdienst wird durch die räumliche Entfernung zum nächsten Gottesdienst auf jeden Fall nicht begünstigt.

1876 kommt im Kirchenvorstand der Gedanke auf, Rothenburgsort eine ei-

Als 1885 die Einweihung der St. Thomas-Kirche am Vierländer Damm gefeiert werden kann, ist die Freude groß, doch die Idee schon elf Jahre alt. Bereits 1876 hatte der Kirchenvorstand gefordert, daß der bevölkerungsreiche Ort ein Haus Gottes »vor der Türe« brauche.

gene Kirche zu verschaffen. Vier Jahre später formulieren die Vertreter des Kirchenvorstandes eine offizielle Petitesse an die Synode der evangelisch-lutherischen Kirchengemeinde der Hansestadt.

Energisch wird der Wunsch nach dem Bau eines eigenen Gotteshauses für die Rothenburgsorter vorgetragen.

Noch zum Jahresende 1880 gewährt die Synode dieser Bitte ihrer Zustimmung. Jährlich 5.000 Mark aus der Kirchenhauptkasse können zum Bau des Gotteshauses der Gemeinde überstellt werden.

1882 gibt die Synode schließlich den größten Teil der Baukosten frei: 100.000 Mark fließen in den Bau des

che mit der Einweihung durch den Hauptpastor seiner Bestimmung übergeben werden.

Der Verkehr muß rollen

Die Verknüpfung der Vorstadt Rothenburgsort mit Hamburg wird immer enger. Nicht allein die verwaltungsrechtliche Neuordnung macht diese ungewohnte Situation aus. Der wachsende Ort drängt mit seinen Ausläufern immer dichter an die Hansestadt heran. Die Berührungspunkte sind unvermeidlich. So erscheint es als selbstverständlich, die räumliche und verwaltungstechnische Verbindung auch durch einen Anschluß mit öffentlichen Verkehrsmitteln zu untermauern.

Im frühen 19. Jahrhundert verkehren zunächst verschiedene gebrechliche Pferdewagen zwischen dem Vorort und der Hansestadt. Häufig sind die Fahrgäste den Launen der Speditionsunternehmer unterworfen. Nicht selten fällt eine Fahrt aus. Auch der Neuanschluß vom Rothenburgsorter Wasserturm bis zur Börse am Rathaus in der Innenstadt mit einer Omnibusverbindung seit 1857 ist nicht die sicherste Strecke. Die Pächter der Buslinie benehmen sich ähnlich wie die Speditionsunternehmer. Die Fahrgäste müssen mit Launen und schlechten Manieren der Fuhrleute auskommen.

Besonders ein Konzessionär der Busverbindung, Gustav H.C. Schmidt, treibt mit seinen Eskapaden die Rothenburgsorter auf die Palme. Er läßt willkürlich Fahrten ausfallen oder stoppt den Bus auf halber Strecke und zwingt die Passagiere, zu Fuß den restlichen Weg in die Innenstadt anzutreten.

Natürlich bleiben die Fahrgäste nicht friedlich. Sie unterrichten den für Rothenburgsort zuständigen Senator Großmann von den unmöglichen Vorkommnissen. Der Magistrat macht kurzen Prozeß: Dem Fuhrunternehmer Schmidt wird die Lizenz entzogen. Seit 1875 gestaltet der Busunternehmer

Der spitze Turm der 1885 erbauten St. Thomas-Kirche wurde im Feuersturm der Juli-Nacht hinweggefegt. Heute kann der Betrachter von der Ecke Lindleystraße/ Vierländer Straße aus nur noch ein unvollendetes Satteldach erblicken. Die Kriegsereignisse des Zweiten Weltkriegs sind in Rothenburgsort unvergessen und finden im Turm der Thomas-Kirche ihr deutlich sichtbares Mahnmal.

neuen Predigthauses an der Kreuzung vor dem Landsitz des Dr. Abendroth im Billhorn. Der Architekt Grafsmann entwirft eine der Summe angemessene Planskizze zu einer Kirche im traditionellen norddeutschen Backsteinbau. 600 Sitzplätze sollen den Mitgliedern der Gemeinde einen angenehmen Ort für den Gottesdienst schaffen.

Mehrere Namen werden für das Gebäude in Erwägung gezogen: »Bonifatius«, »Martin-«, »Erlöser-« oder »St. Thomaskirche« könnte sie heißen. Der Kirchenvorstand wählt den Namen des Dominikaners, Kirchenlehrers und heiliggesprochenen Thomas von Aquin. Drei Jahre später, am 8. März 1885, kann die neue St. Thomaskir-

Basson mit seinen blauen Wagen die Anbindung des Stadtgebiets. Nur fünf Jahre später erhält das Busunternehmen aber starke Konkurrenz. 1880 wird die erste Pferdebahn nach Billhorn eingesetzt.

1887 folgt die Inbetriebnahme der ersten elektrifizierten Straßenbahn in Rothenburgsort: Die Linie 21 verknüpft den Weg vom Wasserturm bis zum Deichtor. Der beschwerliche, über fünf Kilometer lange tägliche Fußmarsch in die City gehört für die Bürger Rothenburgsorts nun endlich der Vergangenheit an.

Der Bau der Neuen Elbbrücke folgt in derselben Zeit (1884 bis 1887) dem Vorbild des Eisenbahnviadukts über die Norderelbe. Mit dieser Brücke wird die erste Autokreuzungsmaßnahme über die Elbe geschaffen - als Ersatz für die bisher den Strom querende Dampffähre. Der Brücke liegt das Prinzip der »Lohseschen Träger« zu Grunde: Liegende Zug- und hängende Druckbögen werden kombiniert und geben der stolzen Elbquerung ihre Tragkraft. Das bedeutende Bauwerk lebt obendrein architektonisch besonders von der Gestaltung der landseitigen Brückeneinfahrten: Jede Seite wird von neugotischen Torbauwerken eingefriedet.

In den Klauen der Cholera

Das Gesicht des Orts hat sich in den letzten Jahrzehnten tiefgreifend verändert. Aus der grünen Lunge vor den Toren der Hansestadt ist ein dicht besiedelter Wohnstandort geworden. Zahlreiche Arbeiter insbesondere der Hafenindustrie haben in Rothenburgsort ein arbeitsplatznahes Unterkommen gefunden.

Gegenüber dem noch zur Mitte des Jahrhunderts großzügig mit Lustgärten und Villen angelegten Ort ist inzwischen ein Teil der großen Metropole Hamburg erwachsen.

Die dichte Besiedelung bringt dem Ort nicht nur Vorteile. 1892 bricht in Rothenburgsort die Cholera aus. Von

Die Inbetriebnahme der elektrifizierten Straßenbahn läßt 1887 den Fünf-Kilometer-Fußmarsch in die Innenstadt endgültig der Vergangenheit angehören. Das Zeitalter der Moderne bringt die schnelle Verbindung von Rothenburgsort mit anderen Teilen der Stadt.

hier aus soll die Epidemie ihren Siegeszug durch die Hansestadt angetreten haben. Die nur geringe Höhe des Baugrundes gerade der Wohnhäuser im feuchten Marschenland fordert jetzt ihren Tribut. Das verdorbene Wasser der berühmten Stadtwasserkunst hat den Ausbruch der gefährlichen Krankheit begünstigt.

Doch der Einsatz des gerade gegründeten Bürgervereins schafft unter Zuhilfenahme der treuen Verbundenheit aller Rothenburgsorter zügig schnellen ersten Beistand für in Not geratene Mitbürger.

Ein Zeitungsaufruf mobilisiert die Spendenbereitschaft der Stadt, ein Zelt auf der Stresowstraße dient der Beherbung und Betreuung Erkrankter. Mit einer riesigen Menge von Chemikalien wird die Bevölkerung ausgestattet, um notdürftig ihre Wohnungen zu desinfizieren. Bald riecht der Stadtteil nach Chlorkalk...

Die hygienischen Verhältnisse, die zum Aufkommen der Krankheit beigetragen haben, bedürfen einer dringenden Untersuchung und der zielgerichteten Verbesserung der Lebensqualität im Ort. Dazu gehört die notwendige

Aufschüttung des noch freien Baulandes auf eine Höhe deutlich über der letzten Sturmflutgrenze.

Entscheidenden Anteil an künftigen Präventivmaßnahmen zur Cholera trägt die Neugestaltung der Technik der Stadtwasserkunst. Schon 1891, dann beschleunigt durch die Epidemie, werden östlich der Insel Kaltehofe Sandfiltrieranlagen erstellt. Diese Anlagen waren bereits vom Baumeister Lindley bei der Schaffung der Stadtwasserkunst eingefordert worden. Die riesigen Ablagerungsbecken auf der Billwärder Insel schaffen ebenfalls die Grundlage für den künftigen Schutz vor der Cholera.

Rothenburgsort wird Stadtteil

1894 erfährt Rothenburgsort erneut eine fundamentale Veränderung seines Statusses. Nachdem die Erschließung des Geländes für Gewerbe, Industrie, Wohnen und den öffentlichen Nahverkehr so gut wie vollständig städtisches Niveau erreicht hat, übernehmen die Hamburger Behörden endgültig die Entscheidungsarbeit in Rothenburgsort.

Das Prinzip der »Lohseschen Träger« kombiniert bei der neuen Elbbrücke liegende Zug- und hängende Druckbögen. Auf diese Weise gewinnt das stolze Bauwerk seine Tragfähigkeit. Die Einfahrt auf die neue Brücke erfolgt im prachtvollen Stil des Kaiserreichs mit mächtigen neugotischen Torbauwerken.

Hamburg erobert sich mit dieser Entscheidung einen weiteren Stadtteil - Rothenburgsort fungiert künftig als Teil der großen Metropole an der Elbe. Mit der gänzlichen Einverleibung gewinnt Hamburg eine enorme Menge an Bürgern hinzu. Zur Jahrhundertwende leben in Rothenburgsort fast 40.000 Menschen.

Noch vor dem Ausbruch des ersten Weltkrieges wird die Infrastruktur zügig den nötigen Gegebenheiten für einen Stadtteil einer Großstadt angepaßt. Das Schulwesen kann um vier Volksschulen erweitert werden, 1914 kommt die Realschule an der Markmannstraße zum Bildungsgeflecht vor Ort hinzu.

Kliniken und weitere Pflegeeinrichtungen runden das Bild eines modernen Viertels der Metropole Hamburg ab. Bereits seit 1898 sorgt das Kinderkrankenhaus an der Marckmannstraße für das hygienische und soziale Wohlergehen im Arbeiterstadtteil. Zunächst war die Klinik auf private Initiative zur Pflege von Säuglingen und als Kin-

Zunächst sorgt das Gebäude an der Marckmannstraße für das Wohl der Kinder. Das Kinderkrankenhaus wird sogar im Ersten Weltkrieg noch einmal erweitert. Im gleichen Gebäude bringt man 1914 zudem noch die Realschule unter.

der-Poliklinik eingerichtet worden. Während der Kriegsdauer des ersten Weltkrieges wird das Hospital noch einmal erweitert.

Ein architektonisch wertvoller Neubau, geschaffen von den Baumeistern Martens und Henry Grell, übernimmt die Aufgaben des einst privaten Klinikums.

Auch im Baustil werden von mehreren Architekten Versuche unternommen, der katastrophalen hygienischen Situation, die zur Cholera geführt hat, zu begegnen.

Das Bauwesen des Stadtteils hatte erheblichen Anteil an der epidemischen Verbreitung der Seuche. Mit Musterbauten setzt beispielsweise der Bauverein zu Hamburg deutliche Zeichen: Am Billwerder Neuen Deich weicht der Musterbau eines Wohnblocks des Bauvereins von Ernst Vicenz demonstrativ von der urtümlichen Schlitzbauweise und den Hinterhofbebauungen ab. Mit diesen Versuchen dokumentiert die Garde junger und fortschrittlicher Architekten die Mißstände des spekulativen Bauwesens, das in Rothenburgsort mit dem Ausbruch der Cholera seine schlimmste Seite gezeigt hatte.

Mit der Schiene kommt die Industrie

Den Stadtteil prägt inzwischen längst das Bild der Eisenbahn. Der riesige Güterbahnhof von Rothenburgsort ist einer der zentralen Punkte der Abwicklung des Waren- und Güterverkehrs der Großstadt. Hier findet der Umschlag des Schienenverkehrs statt. Die Arbeitsplätze des Stadtteils begründen sich auf dem industriellen Sektor, nicht zuletzt begünstigt durch die optimale Anbindung des Güterverkehrswesens mit dem Bahnhof. Zahlreiche Nahverkehrslinien verknüpfen Rothenburgsort derweil mit dem restlichen Stadtgebiet.

Zwei neue Haltestellen der Vorortbahn schaffen 1907 eine größere Erschließung des Gebiets mit der

Das Laubenganghaus an der Marckmannstraße 1-3 steht bezeichnend für das Neue Bauen unter Oberbaudirektor Fritz Schumacher. Der neue Baustil ist für damalige Zeiten vorbildlich auf die Bedürfnisse der unterzubringenden Mieter abgestimmt und setzt dem spekulativen Bauwesen in der Stadt ein Ende.

enormem gewachsenen Bevölkerungszahl. Die Linie 35 von der Veddel nach Winterhude entspricht 1909 den Bedürfnissen der Arbeitersiedlung. 1915 eröffnet die Hochbahn schließlich den Rothenburgsorter Zweig der innerstädtischen Nahverkehrsbahn.

Auch dem Schiffsverkehr mißt man große Aufmerksamkeit bei. Die neue Brandshofer Schleuse beschleunigt die Verkehrsführung der Lastkähne auf dem Wasser bereits seit ihrer Fertigstellung 1909. Ein Jahr später kommt ein großer Löschplatz für den Hafenverkehr an gleicher Stelle hinzu. Zusammen mit dem Bau eines neuen Landungsplatzes am Billhafen erfährt der Schiffsverkehr die dringend nötige Aufwertung durch die Verbesserung der Transportmöglichkeiten auf dem Wasser.

Im Rahmen dieser aufwendigen Bautätigkeiten in Rothenburgsort verbessern die Stadtplaner auch die landseitigen Zugänge für Fußgänger, Radfahrer und den aufkommenden Personenauto- oder Lastautoverkehr. Die schwarze Brücke erfährt 1908 einen Umbau, die grüne Brücke wird 1910 bis 1912 in Stein und Eisen in deutlich größerem Umfang neu erstellt.

Neue Baukultur - Schumacher wirkt in Rothenburgsort

Nach dem ersten Weltkrieg beginnt in Hamburg die zukunftsweisende Schaffenstätigkeit des berühmten Baumeisters und Oberbaudirektors der Hansestadt: Fritz Schumacher hinterläßt seine eindrucksvollen Spuren in Rothenburgsort. Auch heute noch sind Gebäude des von ihm gestalteten Hamburger Siedlungsgürtels in diesem Stadtteil präsent.

Bauwerke wie die 1930 geschaffenen Laubenganghäuser an der Marckmannstraße oder an der Billhorner Kanalstraße entsprechen dem Schumacherschen Konzept einer aufgelockerten und menschenwürdigen Stadt. Der Oberbaudirektor zeigt hier wegweisend die Bauweise der Moderne: Weg von den Schlitzbauten, die auch in Rothenburgsort zur Verelendung der Bevölkerung und schließlich zum Ausbruch der Cholera beigetragen haben.

Typisch für Schumacher ist der norddeutsch geprägte Backsteinklinker dieser Häuser - ähnlich wie in der Winterhuder Jarrestadt ersteht in Rothenburgsort ein lebenswerter Sied-

Das als Musterbau 1900-01 geschaffene Haus des Bauvereins in der Gestaltung von Ernst Vicenz am Billwerder Neuen Deich verzichtet auf die Schlitzbauweise und auf Hinterhofbebauung. Damit erweist sich der Wohnblock als zukunftsweisend für den Wohnungsbau der Hansestadt, der mit diesen Elementen einer Rückkehr der Cholera vorbeugen soll.

lungsneubau. Ohnehin entwickelt der Stadtteil in der Zeit zwischen den großen Weltkriegen ein freundlicheres Antlitz. Das Ziel der Stadtplaner lautet, Rothenburgsort vom tristen Arbeiterquartier mit unansehnlicher Bebauung zu einem menschenfreundlichen Stadtteil umzuwidmen. Die wohltuende Kombination von komfortablen Wohnungsneubauten mit interessanter Gewerbebaukunst macht eine neue Mischung des Viertels aus. Noch heute zeigt sich der innovative Versuch der Stadtplaner an verschiedenen Stellen im Ort. Das von Otto Hoyer gestaltete Verwaltungsgebäude der Reederei am Brandshofer Deich schafft mit seiner expressionistischen Fassade aus Klinkern und dem turmartigen Überbau den Eindruck eines Stadttors an der Elbe.

Zudem erfährt die Neue Elbbrücke in den Jahren 1928/ 29 eine Überarbeitung. Die zweite Fahrbahn mit verstärkten Trägern wird gebaut.

Hamburg hatte schon einmal eine Halle: In Rothenburgsort...

Mit der Machtübernahme der Nationalsozialisten 1933 erhält Hamburg den Status einer »Führerstadt« und damit das besondere Augenmerk des »Führers« und Reichskanzlers Adolf Hitler.
Der NSDAP-Politiker legt großen Wert auf den Ausbau seines Tors zur Welt. 1939 beruft Hitler offiziell den jungen Baumeister Konstanty Gutschow zum Architekten des Elbufers - mit diesem Namen sind Projekte wie das Gauhochhaus und der beabsichtigte Bau einer riesigen Pylon-Hängebrücke über die

Elbe verbunden. Die neuen Stadtbildgestalter hinterlassen allerdings auf ihrem ureigenen Feld - eben am sichtbaren Tor zur Welt, der Elbe - kaum Spuren. In Rothenburgsort jedoch wird der Stadt ein Großbauwerk beschert. Die »Hanseatenhalle« erfährt 1935 durch einen Boxkampf zwischen Max Schmeling und Steve Hamas ihre große Einweihung. Das monumentale Projekt ist indes bloß der billige Abklatsch früherer Großplanungen: Das Geld der »Führerstadt« reicht lediglich zum Umbau einer Holzlagerhalle in Rothenburgsort. Immerhin finden 25.000 Hamburger bei Großveranstaltungen hier ihren Platz. Schnell wird die Bedeutung der Halle umgewidmet: Anstelle von sportlichen Ereignissen können die Hamburger alsbald Kundgebungen der politischen »Prominenz« beiwohnen.

Die erste Halle für Großveranstaltungen in der Hansestadt findet 1935 ihren Platz in Rothenburgsort. Die »Führerstadt« des Reichskanzlers Adolf Hitler bedarf einer geeigneten Arena für ihre politische Prominenz - so bleibt der sportliche Box-Wettkampf zur Einweihung zwischen Max Schmeling und Steve Hamas nur ein »Mauerblümchen«.

Tod und Vernichtung in der Julinacht 1943

Trotz der demonstrativen Präsenz der neuen Führer im Stadtteil lassen sich viele Rothenburgsorter nicht auf den Gang mit der neuen Macht ein. Das traditionelle Arbeiterviertel ist eine der Keimzellen des sozialdemokratischen Widerstands in Hamburg. Gerade die proletarischen Wohnviertel stellen den Kern der Widerstandskreise der Sozialdemokratie dar. Allerdings unterscheidet sich diese Gegenbewegung deutlich von den auffälligen und meist öffentlichen Protestaktionen der Kommunisten - den sozialdemokratischen Widerständlern geht es mehr um die unauffälligere Arbeit im Verborgenen, um die Standhaftigkeit ihrer Mitglieder gegen die Anfechtungen des Regimes zu stärken.

Gerade in Rothenburgsort wütet der Terror der Hamburger NSDAP besonders schlimm. Häftlinge und Lagerinternierte werden im Rothenburgsorter Außenlager des Konzentrationslagers Neuengamme untergebracht. Die Häftlinge leben in unmittelbarer Nähe zur Wohnbevölkerung. Zudem werden sie stets zu Arbeiten im Sinne des »Gemeinwohls« abkommandiert. Der Bau von Behelfsheimen, die Räumung der Trümmer und das Produzieren kriegswichtiger Materialien gehören zu den kräfteraubenden Arbeiten der meisten NS-Gegner.

Das Regime der NSDAP nimmt auch den Tod der Lagergeiseln in Kauf: Selbst das Entschärfen von Blindgängern muß von unausgebildeten Inhaftierten vorgenommen werden. Stets wird die SS zur Bewachung der Häftlinge abgestellt.

In der Rothenburgsorter Janusz-Korczak-Schule am Bullenhuser Damm inszenieren am 20. April 1945, nur wenige Tage vor dem Kriegsende, Nazis eine der schrecklichsten Greueltaten der Hamburger NS-Geschichte. 20 jüdische Kinder, 24 sowjetische Häftlinge und vier KZ-Insassen werden vom nationalsozialistischen Wachpersonal erhängt - um Spuren und Zeugen menschlicher »Medizin-Versuche« zu beseitigen. Die Schule, zu Anfang des Jahrhunderts eigentlich im Zuge der sozialreformerischen Bautätigkeit für bedürftige Schichten erbaut, ist heute steinerner Zeitzeuge und Mahnmal des dunkelsten Kapitels der deutschen Historie.

Nicht allein unter der Bevölkerung richtete das NS-Regime ein Massaker unerhörten Ausmaßes an. Der zweite Weltkrieg fordert mit Rothenburgsort ein riesiges Opfer: Im Zuge der britischen Bombardierung wird der Ort 1943 durch die Juliangriffe fast dem Erdboden gleichgemacht.

Nur wenige Gebäude überstehen den fürchterlichen Feuersturm des britischen Bomber-Generals Harris - die Antwort der Alliierten auf das deutsche Weltmachtstreben hinterläßt in Rothenburgsort eine öde Wüste. Die Zahl der Opfer, die unter den Trümmern begraben oder vom Bombenfeuer verschlungen werden, nimmt unvorstellbare Ausmaße an: Die Nacht vom 27. auf den 28. Juli 1943 fordert rund 40.000 Menschenleben.

Bloß ein tristes Mischgebiet?
Die Jahre nach dem Krieg werden auf dem Billwärder Ausschlag den Aufräumarbeiten gewidmet. Unzählige Trümmerfrauen sorgen auch in Hamburgs Südosten für den Wiederaufbau der einst blühenden Metropole.

Seit 1957 macht sich die Stadt Hamburg an die Erneuerung des Arbeiter- und Gewerbequartiers. Doch über das Gesicht des künftigen Wiederaufbaus von Rothenburgsort herrscht zunächst Unklarheit. Welche Struktur soll dem hafennahen Viertel mit seinen ehemals bereits raumgreifenden Industrieflächen gegeben werden?

Die Regierung ist zunächst nicht ganz sicher über die Zukunft des zerstörten Stadtteils. Doch bald fällt die Entscheidung. In den 60er Jahren legt der Senat die triste Grundlage für das heute so zersiedelte Rothenburgsort. Zwar soll dem Ort durchaus eine Mischnutzung zugedacht werden. Doch der karge Zweckbau der 60er Jahre für Wohnbauten läßt innerhalb des übermächtig gewachsenen Industriestandorts nur wenig von der Schönheit zurückkehren, die Rothenburgsort noch um die Jahrhundertwende oder auch vor den Bombenangriffen des zweiten Weltkriegs ausgezeichnet hat.

Die neueste Planung des Hamburger Senats trägt inzwischen, nach langen Jahren der stadtplanerischen Abstinenz von Rothenburgsort, dieser

Die Janusz-Korczak-Schule am Bullenhuser Damm, als Außenlager vom KZ Neuengamme mißbraucht, ist am 20. April 1945 Schauplatz der Nazi-Greultaten in Hamburg. 48 Menschen sterben unter den Händen des NS-Wachpersonals - sie hätten sonst Zeugen der »Medizin-Versuche« des Hitler-Regimes werden können.

dürftigen Gestaltung wieder Rechnung. Neuere Vorschläge für die Schaffung eines Rothenburgsorter Stadtparks in den Dimensionen des Schumacherschen Stadtparks in Winterhude sollen dem Ort wieder etwas von seiner einstigen Schönheit und dem landschaftlichen Reiz der Parklandschaft des vorigen Jahrhunderts wiedergeben. Das würde sicherlich auch den Freizeitwert für die heute rund 8.900 Einwohner steigern.

Allerdings existieren auch schon wieder weitere Wohnungsbaupläne - für den bisher vom öffentlichen Nahverkehr am schlechtesten erschlossenen Bereich des Stadtteils, die Insel Kaltehofe. Das dort vor drei Jahren stillgelegte Wasserwerk wartet seither auf eine sinnvolle Nutzung, eben auch durch neue Bebauung. Vielleicht können dort 3.000 Wohnungen zusätzlich ihren Platz finden - auch wenn die Schönheit der vielfältigen Türmchen und Wasserflächen einen sicherlich nicht von der Hand zu weisenden reizvollen Zauber aufweist.

Das Mahnmal der Kinder vom Bullenhuser Damm an der Großmannstraße auf der Rückseite des ehemaligen Schulhofes soll heute der Nachwelt von der deutschen Vergangenheit künden.

Rauch
Kau
und
Schnupf
Cigarren
Cigarren
Cigaretten
Utensilien
Waldorf-Astoria-Cigaretten
Constantin

Der Billhorner Röhrendamm an der Ecke Billhorner Mühlenweg stadtauswärts: Früher kutschierte hier gemütlich die elektrische Straßenbahn entlang und sorgte für die Verbindung der Rothenburgsorter mit ihrem Umland.

L. S. oben: Feuerwache (links) und Polizeiwache (rechts) hatten früher ihren gemeinsamen Standort an der Billhorner Brückenstraße und dem Billwerder Neuen Deich. Das »Dienstleistungszentrum« der öffentlichen Hand sorgte für Schutz und Sicherheit der Rothenburgsorter. Heute befinden sich an dieser Stelle die Fahrbahnen des Autobahnzubringers.

L. S. unten: Für den täglichen Bedarf der Raucher und der Schüler sorgte in eigenwilligerKombination das kleine Cigaretten- und Schreibgeschäft am Billhorner Röhrendamm.

Heute breitet sich mit mächtigen Fahrbahnen der Billhorner Röhrendamm aus und läßt nur noch dem Autoverkehr Raum. An Stelle der wundervollen Altbauten befindet sich ein trister Wohnblock der Nachkriegsgeneration.

Die Fassade eines typischen Wohnhauses der 20er Jahre an der Vierländer Straße 10. Im Parterre das »Wollwaren-Special-Geschäft« und die »Eier-Handlung, Fischräucherei Gustav Wenckstern«.

Das Volksheim am Billhorner Mühlenweg mit seiner klar gegliederten Fassade. Für den in damaligen Zeiten seltenen Fotografen wird schnell Aufstellung bezogen und geduldig still verharrt, bis das Bild eingefangen ist.

Die Stresowstraße überraschte schon recht früh trotz dichter Bebauung mit alleeartigen Ansätzen und kleinen, frisch gepflanzten Straßenbäumen...

Heute stellt sich die gleiche Straße schon vom Billhorner Mühlenweg als kleines grünes Paradies inmitten der großen Siedlung von Rothenburgsort dar. Die schlichte Architektur der reinen Wohnstraße tritt hinter der grünen Landschaft zurück.

Früher ging Vater hier nach der schweren Arbeit gemächlich »einen heben« - das kühle Bier mundete in der Kneipe an der Stresowstraße/ Ecke Lindleystraße nach anstrengender Arbeit besonders.

28

Der Blick stadteinwärts an der Vierländerstraße zeigte beschauliches Leben in Rothenburgsort - und gab den Blick auf den Turm der Thomaskirche frei...

Der gleiche Blick heute. Nicht allein der Kirchturm ist gekappt vom Bombenhagel des Zweiten Weltkrieges - der Ersatz für die Wohnhäuser der Jahrhundertwende in Putz und Klinker ist einfach nur zweckdienlich.

Die Vierländerstraße in die gleiche Blickrichtung fotografiert wie zuvor - das geruhsame Leben in für heutige Maßstäbe stillen Straßen setzt sich fort. Besonders auffällig springt das Gebäude der Volksschule mit seinem Fachwerk ins Auge (im Vordergrund rechts).

Keine direkte Gegenüberstellung, dennoch der gleiche Standort aus heutiger Sicht in die entgegengesetzte Richtung: Den Vierländerdamm (früher Vierländerstraße) beherrscht die breite Autofahrbahn (vergleiche auch S. 29 unten, hier die einstige Vierländerstraße in gleicher Richtung eine Querstraße weiter stadteinwärts).

Früher hatten Wäscherei und Apotheke ihren Platz an der Vierländerstraße 2-4.

Der gleiche Blick heute in die einstige Vierländerstraße, die jetzt Vierländer Damm heißt. An der gleichen Stelle, Ecke Lindleystraße, versorgt heute die »Röhrendamm-Apotheke« die Rothenburgsorter auf medizinischem Gebiet.

Restaurant Gelfert lud früher am Billhorner Deich zum Speisen ein. Wer gutes Essen und kühlen Billbräu genießen wollte, brauchte nur unter Amt 5 die Nummer 1150 zu verlangen.

Restaurant H. Gelfert, Billhörnerdeich, Teleph Amt 5, 1150.

Den Gebäudekomplex an der Ecke Billhorner Deich, Ausschläger Billdeich, Billstraße kennzeichnet seine einheitliche Gestaltung - hier fanden viele der Arbeiter aus dem nahen Hafen Wohnraum.

Von der einstigen Romantik des Arbeiterquartiers ist an derselben Stelle nichts mehr übriggeblieben. Der Autoverkehr rauscht auf dem Ausschläger Billdeich in das Rothenburgsorter Gewerbegebiet an Geschäftshäusern vorbei.

Die Grossmannstraße an der Ecke Ausschläger Billdeich: Auffällig die großflächige Anlage der Straßen.

Sechs Spuren schaffen heute dem Güterverkehr Durchfahrtsmöglichkeiten in der Grossmannstraße - rasches Durchfahren ist in einem Gewerbegebiet natürlich eine wichtige Bedingung für funktionierenden Frachtverkehr.

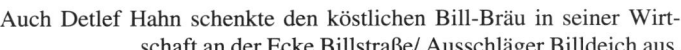

Immer wenn ein Fotograf auftauchte, erregte er Aufsehen bei Jung und Alt, hier auf dem großen Platz vor der zierlichen katholischen St. Josephs- kirche am Bullenhuser Damm.

Auch Detlef Hahn schenkte den köstlichen Bill-Bräu in seiner Wirt- schaft an der Ecke Billstraße/ Ausschläger Billdeich aus.

Der Blick auf das Wasserwerk an der Ecke Vierländer Straße/ Billhorner Deich wurde einst kanalisiert: Die vierstöckigen Bauten der Arbeitersiedlung mit ihren Dachgeschoßwohnungen führen den Blick auf die Stadtwasserkunst.

Das Volksschulgebäude stand an der Vierländerstraße 77-79 (vergleiche auch S. 30, hier aus umgekehrter Perspektive stadtauswärts).

Prägend für das Gesicht Rothenburgsorts waren die Arbeiterwohnbauten mit ihren schwungvoll abgerundeten Fassaden an der Straßenecke Billhorner Röhrendamm/ Lindleystraße.

Der gleiche Blick enthüllt eindeutige und aus heutiger Sicht spröde Prioritäten: Schnelle Bereitstellung von Wohnraum unter Vernachlässigung ästhetischer Aspekte.

Die Auswahl an Lokalitäten war für den Rothenburgsorter reichhaltig. Hermann Martens bot in seiner Gastwirtschaft an der Ausschläger Allee/ Ecke Zollvereinsstraße auch ein Frühstückslokal an.

Gefrühstückt wird heute bloß noch am eigenen Tisch: An derselben Stelle befindet sich ein Klinkerbau der frühen 80er Jahre.

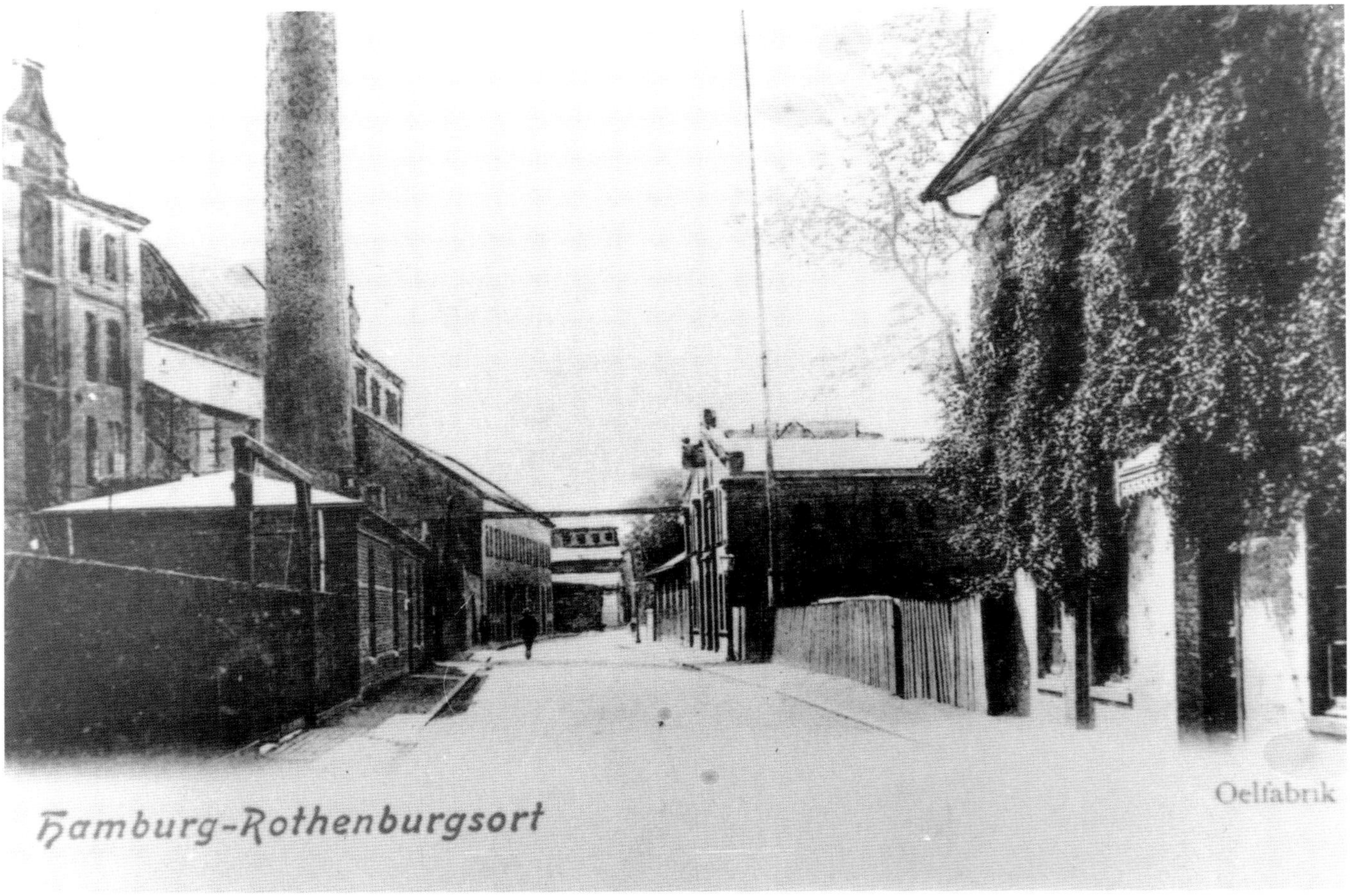
Hamburg-Rothenburgsort
Oelfabrik

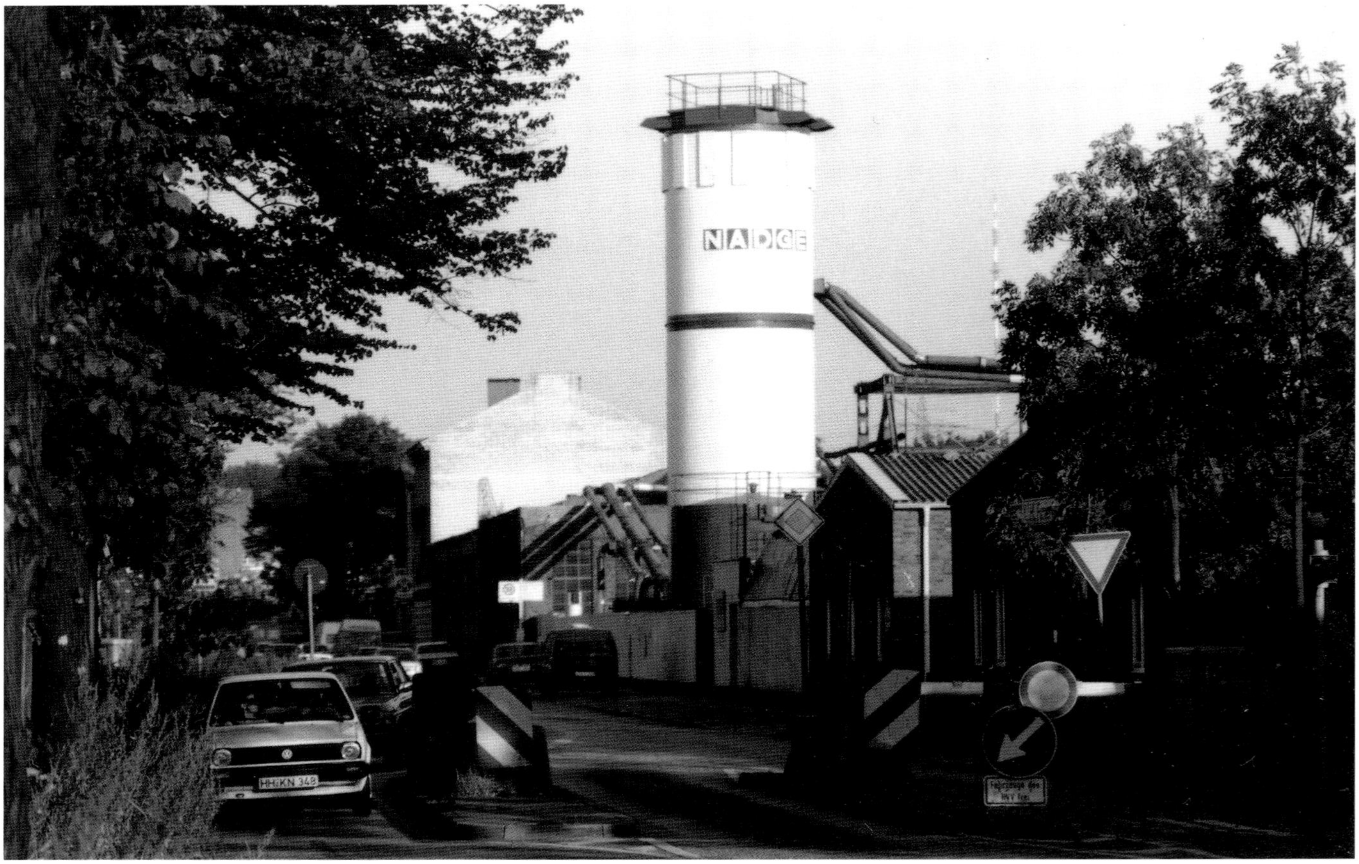
NADGE

Nicht nur die älteren Semester des Stadtteils werden sich erinnern: An der Marckmannstraße/ Bergedorfer Heerweg befand sich mit dem Gasometer ein weiteres Wahrzeichen von Rothenburgsort.

L. S. oben: Auch in früherer Zeit war Rothenburgsort nicht frei von Gewerbe: Die Ölfabrik befand sich zwischen Traunspark und Hanseatenstieg am Ausschläger Elbdeich.

L. S. unten: Die Anwohner der Ausschläger Allee und damit der Zugang zum Wohnbezirk von Rothenburgsort wird heute mit einer eindrucksvollen Barriere vor dem Durchfluß des Gewerbeverkehrs geschützt.

Das Foto von 1986 ist auch schon historisch: Denn kurze Zeit später wurde der Turm abgerissen.

Mädchen *und* Knaben durften natürlich im Kaiserreich nicht in einer Schule unterrichtet werden. Die Volksschule an der Marckmannstraße 99-101 beherzigte diese Vorgabe einwandfrei: In Nummer 99 wurden die Mädchen, in Nummer 10 die Jungen ausgebildet.

Dieses Foto wurde vermutlich vom Turm des Gasometers aufgenommen: Der Blick ins Zentrum Hamburgs führt über die Schatten der Marckmannstraße hinweg. Schemenhaft ist auf der linken Bildseite die Stadtwasserkunst zu erkennen, davor zur Bildmitte hin erhebt sich der Turm von St. Thomas.

R. S. oben: Freunde der Musik fanden auch ein kühles Pils in ihrer Concert-Halle am Billhorner Röhrendamm/ Ecke Billwerder Neuer Deich. Das Restaurant nannte sich übrigens pikanterweise ganz artfremd »Zur Bankhalle«.

R. S. unten: Aus der Perspektive der Stadtwasserkunst fotografiert präsentiert sich ein frühes »Luftbild« und zeigt dem Betrachter den Eckblock am Billhorner Röhrendamm, Billhorner Deich und Vierländerstraße.

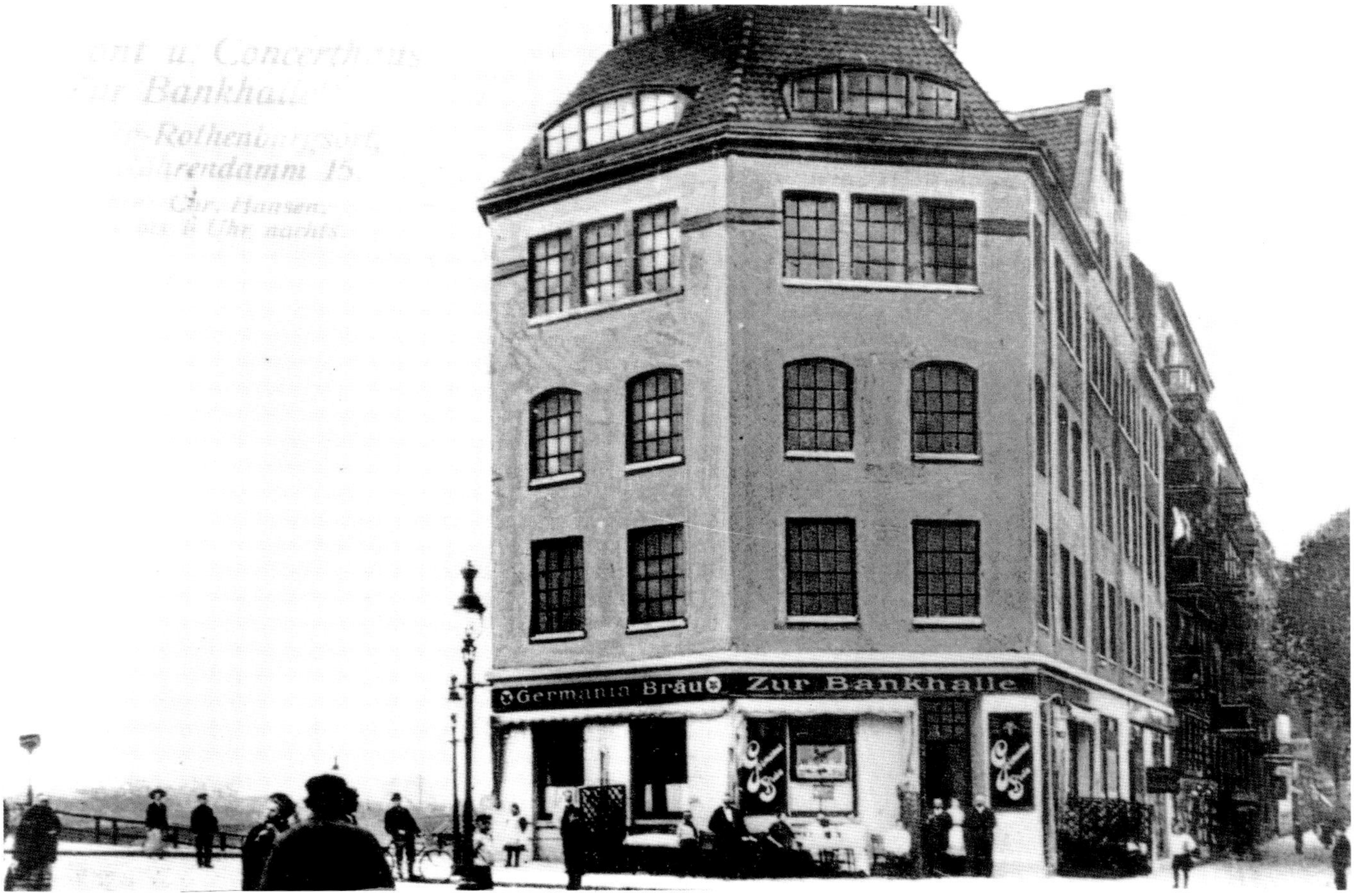
Germania Bräu
Zur Bankhalle

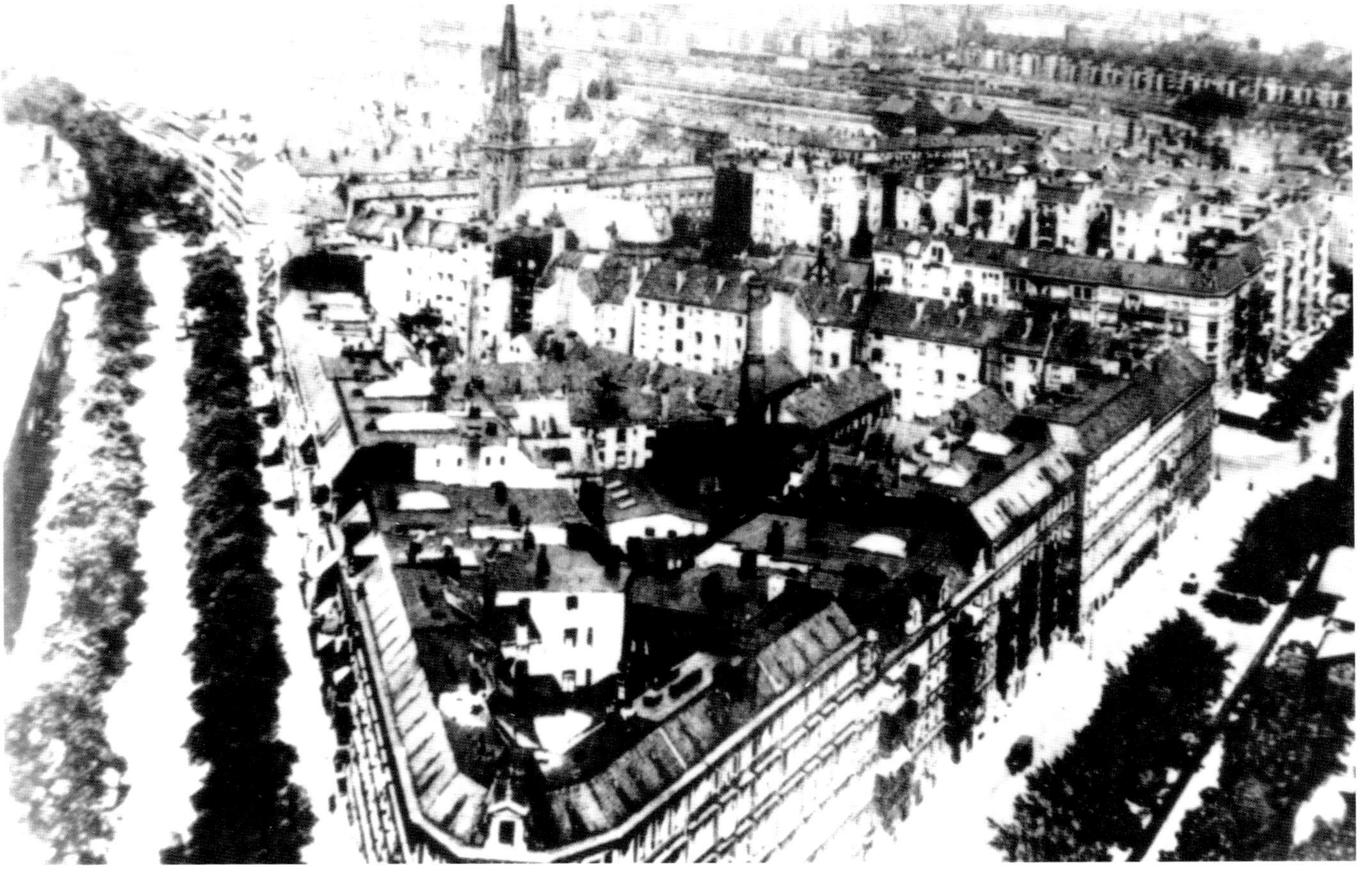

Mit dem Blick auf das Gewerbegebiet der Billwerder Bucht stellt sich das wasserseitige Gesicht von Rothenburgsort dem Betrachter als Industrieansiedlung vor. Rechts im Bild: Der Ausschläger Elbdeich, der in seiner Verlängerung auf den Turm der Stadtwasserkunst zuführt.

L. S. oben: Neue Wohnkultur am Ausschläger Elbdeich von Kaltehofe aus gesehen: Eine gelungene Mischung aus Glas und Klinker in Ablehnung an historische Bauten bietet angenehmes Wohnen mit Blick auf die Billwerder Bucht.

L. S. unten: Die vier Schornsteine im Hintergrund feierten kürzlich ihren 75. Geburtstag - sie gehören zum Großkraftwerk Tiefstack der Hamburger Electricitätswerke an der Billwerder Bucht. Eine Silhouette die den HEW lange als Firmenzeichen diente. Das Bild vom Ausschläger Elbdeich gewährt noch einen verträumten Einblick auf die Binnenschiffahrt von Bille und Elbe.

Heute eines der attraktivsten Wohngebäude in Rothenburgsort: Das als Musterbau 1900-01 geschaffene Haus des Bauvereins am Billwerder Neuen Deich, hier der Hinterhof (vergleiche auch historische Aufnahme; S. 21).

Der Blick aus der Luft zeigt den verbliebenen Wohnbereich des einst 40.000 Menschen zählenden Rothenburgsort - heute leben hier nur noch 8.900 Einwohner, umgeben von Gewerbegebieten.

Die kleinen Wassertürmchen auf der Insel Kaltehofe machen den Zauber des einstigen Wasserwerks aus, das vor zwei Jahren außer Betrieb gesetzt wurde - hier plant der Senat ein neues Wohngebiet zu erschließen. Es wird auch diskutiert, die Insel als Naherholungsgebiet zu erhalten.

August Hehl schenkte im »Entenwärder Fährhaus« Bier der Bavaria St. Pauli Brauerei aus - das alte Fachwerkhaus lud so manchen Elbschipper zum Einkehren ein.

Das Vormittagslicht wirft auch heute noch seine Strahlen auf das alte Gemäuer - im gleichen Gebäude gibt es jetzt eine andere Biermarke, zudem hat sich auch der Titel des Gasthauses moderner Schreibweise angepaßt: Heute wird im »Entenwerder Fährhaus« frisch gezapft.

Das Gebäude des Oberbaudirektors Fritz Schumacher ist heute ein Solitär - als einziges Wohngebäude steht der Klinkerbau inselartig inmitten eines Gewerbemeeres.

Der Charme der Schmacher-Bauten liegt in der Experimentierfreude Schumachers mit Backsteinen - der stolze Klinkerbau an der Billhorner Brückenstraße/ Ecke Billstraße steht repräsentativ für das Neue Bauen der zwanziger Jahre.

Die Straßenbahnschienen zeigen den Weg - auch auf dem Billhorner Röhrendamm konnte man den 65 Meter hohen Turm der Stadtwasserkunst deutlich ausmachen.

Der heute nicht mehr genutzte Turm der Stadtwasserkunst blieb als Wahrzeichen des Stadtteils erhalten.

R. S. oben: Die gelbe Schule im Traunspark am Ausschläger Elbdeich wurde früher von grünen Chausseebäumen umrahmt.

R. S. unten: Heute steht das Gebäude der Schule allein auf weiter Flur. Es hat seine namensgebende gelbe Farbe beibehalten.

Rothenburgsort   Schule an Traun's Garten

Rothenburgsort und die Veddel aus der Vogelperspektive. Die Norderelbbrücken überqueren den Strom und verbinden die Veddel (im Vordergrund) mit Rothenburgsort (im Hintergrund).

Das einstige Elbwasserwerk Kaltehofe, Kaltehofe Hauptdeich. Im Gebäude mit seinen malerischen Giebeln sitzt heute die Umweltbehörde.Der Deich lädt zu einem erholsamen Spaziergang entlang der Elbe ein.

Hamburg-Veddel   Ecke Veddeler Brückenstrasse und Tunnelstrasse

Der Blick vom Entenwerder Hafen zeigt den Haken mit seinen Hafenarbeitern und dem dahinter liegenden Billwerder Neuen Deich.

L. S. oben: Die Veddel hatte auch schon früher vielen Menschen mit den unterschiedlichsten Ambitionen Platz zu bieten: Während heute zahlreiche Menschen aus fremden Ländern nach Hamburg drängen, stellte umgekehrt früher das Auswandererlager an der Harburger Chaussee die Weichen der Ausreise Deutscher in ferne Staaten.

L. S. unten: Auch die Veddel lebte, wie auf diesem Bild zu sehen, zum Beispiel an der Veddeler Brückenstraße/ Ecke Tunnelstraße vom Charme der architektonisch ansprechenden Gründerzeitbauten.

Ein für Rothenburgsort völlig unerwartetes Bild: Hinter den schmucken Fachwerkhäusern am Billwerder Neuen Deich verbarg sich einst sogar eine Windmühle.

Der Billwerder Neuer Deich, Ecke Billhorner Deich vermutlich in den 20er Jahren. Nichts erinnert heute nach den Zerstörungen des Zweiten Weltkriegs an die einstige dichte Bebauung mit Wohnhäusern.

R. S. oben: Der Billehafen diente schon früh als wichtiger Lösch- und Umschlagplatz für den wasserseitigen Güterverkehr der Hansestadt. Im Hintergrund der Hafenanlage ist der Billwerder Neue Deich zu erkennen (siehe auch linke Seite).

R. S. unten: In der Nähe zur vorherigen Aufnahme mit dem historischen Billehafen liegt heute das Zollamt Entenwerder.

Ein wildes Getümmel aus Schiffen und Booten aller Art: Der Hafen am Haken war Schauplatz von Gewerbe- und Güterverkehr und bot der Rothenburgsorter Bevölkerung Arbeitsplätze.

R. S. oben: Der Haken um 1900. Wohnen und Arbeiten gehörten hier zusammen: Kleine Wohnkaten und Lagerschuppen, beliefert von Frachtkähnen, liegen in unmittelbarer Nachbarschaft.

R. S. unten: Hausboote legten zu Beginn des Jahrhunderts im Schutz der Kanäle an.

Der gleiche Blick auf den Haken heute (vergleiche obiges Bild): Im Hintergrund überragt wie stets in Rothenburgsort der Turm der Stadtwasserkunst das Bild der Gewerbeflächen des Haken-Hafens.

Hamburg-Entenwärder

Hafen

Hamburg.   Der neue Bahnübergang beim Röhrendamm.

Der Anblick des Gebäudes hat sich nicht verändert. Das Gebäude ist eines der wenigen Relikte bemerkenswerter Baukunst in Rothenburgsort.

L: S. oben: Das von Otto Hoyer gestaltete Verwaltungsgebäude einer Reederei am Brandshofer Deich schafft mit seiner expressionistischen Fassade aus Klinkern und dem turmartigen Überbau den Eindruck eines Stadttores an der Elbe.

L. S. Unten: Der neue Bahnübergang beim Röhrendamm gibt den Blick auf einen heute nicht mehr existierenden Kanal frei. Der alte Billhorner Canal ist zugunsten einer Straßenfläche zugeschüttet worden.

Die Veddel - Heimat für vertriebene Altstadt-Bewohner

Die Elbinsel Veddel ist die wasserseitige Nachbarin des Billwärder Ausschlags - heute die Verlängerung des Industriegebietes von Rothenburgsort.

Im Laufe des Mittelalters wird die Insel, die den Grafen von Holstein und den Herzögen von Braunschweig-Lüneburg gehört, als Element des Stromspaltungsgebietes der Elbe eingedeicht.

Die Veddel wird erstmals für Hamburg interessant, als 1658 die königlichen Generalkriegskommissare Kai und Friedrich von Ahlefeldt in Hamburg um eine Anleihe von 40.000 Talern für den Krieg ihres Königs Friedrich III. werben. Der zweite nordische Krieg 1657 bis 1660 zwischen Dänemark und Schweden erfordert auch neue finanzielle Hilfsquellen für den in Bedrängnis geratenen dänischen König.

Die Generalkriegskommissare sehen im Rat der Hansestadt einen willkommenen Bündnispartner. Doch die Stadt will die Wahrung ihrer Neutralität nicht auf das Spiel setzen - so können die Kommissare des Königs »nur« eine Anleihe von 40.000 Talern aushandeln.

Hamburgs Stadtväter sind kaufmännisch geschickt: Sie verleihen den hohen Betrag nur gegen Sicherheit. »Geld gegen Land« lautet die Devise. Kai und Friedrich von Ahlefeldt stellen die Vogtei Ottensen mit den Elbinseln Kaltehofe, Peute, Veddel, Grevenhof und Griesenwerder sowie weitere Ländereien der Stadt anheim. Doch das ist Hamburg nicht genug - die Kämmerei als Vertreter der Stadt dürstet es nach mehr Land als Pfand. Empört weist der dänische König den Affront zurück - die Veddel wird kein Hamburger Pfand.

Die Neuen Elbbrücken führten mit ihren neugotischen Torbauwerken zur Veddel. Dieser Blick zeigt die Rückseite des Viadukts von der Brückenstraße aus. Im Vordergrund führt ein Priel durch die Veddel.

Hamburg-Veddel

Vom Veddeler Bahndamm aus fiel früher der Blick auf balkonbestückte Mehrfamilienhäuser der Veddeler Siedlung (unten).Der gleiche Blick heute (oben): Mit Klinkerstreifen aufgelockerte Siedlungsbauten laden durch ihre Vorgärten zum Betreten ein.

Der Wohnblock an der Veddeler Brückenstraße/Ecke Immanuelstieg ist ein typisches Beispiel für die vor dem Zweiten Weltkrieg angelegte Wohnsiedlung.

Die Insel Veddel kommt aber doch noch an den Rat der Hansestadt. 1768 wird die Veddel der Stadt Hamburg im Gottorfer Vertrag zugesprochen. Doch von großem Nutzen ist der neue Besitz der Stadt zunächst nicht. Die Insel dient bloß als Weidefläche.

Erst im Zuge der Hafenerweiterung erkennt der Rat der Stadt die Bedeutung der Veddel. Im Zuge des Zollanschlusses (1888) »boomt« die städtische Konjunktur enorm. Die Hafenerweiterung zur Erfassung des nach Hamburg drängenden Hafenverkehrs ist unumgänglich.

Rund 24.000 Menschen werden aus dem Freihafen ausgesiedelt und von der Einheit aus Arbeit und Wohnen getrennt. Sie müssen den dringend benötigten Wasserwirtschaftsflächen weichen. Zwei neue Häfen für Segelschiffe und oberelbische Fahrzeuge werden zudem am südlichen Elbufer

der Veddel erbaut. Noch vor dem Ersten Weltkrieg ist die Dimensionierung des Freihafenbezirks gewaltig angewachsen.

Rund die Hälfte des Gebiets wird allein durch Industrieansiedlungen auf der Veddel und den angrenzenden gewerbe- und industriebezogenen Stadtteilen beansprucht. Allerdings hat bereits 1879 und 1890 die Gemeinnützige Baugesellschaft unter ihrem Vorsitzenden, dem Reeder Robert M. Sloman, auch für arbeitsnahe Wohnquartiere gesorgt. Die berühmte Sloman-Siedlung dient mit ihren Doppelhäusern und Gärten als ein Reformmodell des künftigen Wohnungsbaus der Stadt.

An der Stelle der Sloman-Siedlung steht heute die Groß-Siedlung der Veddel. Nach dem Ersten Weltkrieg gelangt die Insel ähnlich wie Rothenburgsort in den Genuß der Überpla-

nung durch Oberbaudirektor Fritz Schumacher. Der Reformwohnungsbau im Zusammenspiel von Stadt und privaten Wohnungsbaugesellschaften oder auch Genossenschaften schafft Komplexe von baulicher Homogenität und inselartiger Lage - ein Versuch, aus der Misere der ärmlichen Schlitzbauweise vor dem Krieg gerade in den elenderen Stadtteilen eine Lehre zu ziehen.

Die Siedlung ist Unterschlupf für die vertriebenen Anwohner aus der Altstadt - dort raubten die neugeschaffenen Kontorhäuser den letzten Wohnraum. Die ehemaligen Altstädter finden auf der Veddel ihr neues Unterkommen.

Das Bombardement des Zweiten Weltkrieges macht diese Versuche allerdings zunichte. Ähnlich wie in Rothenburgsort ist der Zerstörungsgrad auf der Veddel extrem hoch. Der

Die 1926-28 angelegte Großsiedlung Veddel, hier Immanuelplatz 11-13, überstand den Zweiten Weltkrieg weitgehend.

Stadtteil wird bald nach den Aufräumarbeiten ähnlich wie Rothenburgsort zum Industriestandort erkoren. Der Bau der Autobahn 1950 bis auf die Veddel legt den charakteristischsten Grundstein für diese Entwicklung: Günstig für den Lkw-Güterverkehr gelegen, sticht die Veddel heute als einer der wesentlichen hafennahen Industrieorte in das Auge. Das belegt auch die für einen Hamburger Stadtteil relativ geringe Einwohnerzahl von rund 4.700.

Allerdings erfährt die Veddeler Groß-Siedlung aus den zwanziger Jahren heute eine erneute Aufmerksamkeit.

Da das zusammenhängende Wohnviertel zum Milieugebiet erklärt worden ist, sollen dem verkehrsberuhigende Maßnahmen im Zusammenspiel mit der Neugestaltung von Straßen und Plätzen Rechnung tragen. Der Siedlung als eines der letzten Relikte der alten Veddel gebührt der Wille zur Erhaltung.

Die Immanuelkirche (1905 erbaut), wurde 1944 zerstört und 1954 auf dem alten
Grundriß wiedererrichtet.

R. S. oben: Das ehemalige Marine-Lazarett
der Veddel befand sich von 1914 bis 1918 im
Auswandererlager an der Harburger Chaussee.

R. S. unten: Ein uriges Stück der Veddel:
Die Flußschifferkirche, eine der wenigen auf
dem Wasser schwimmenden Predigtstätten,
Am Zollhafen 5a, wurde 1952 auf einem
Binnenschiff eingerichtet und 1970 umgebaut.

Marine-Lazarett, Hamburg.

Für den schnellen Einkauf der kleinen Dinge
des täglichen Lebens: Der Tabak- und Ziga-
rettenladen von Johann Kemme am Veddeler Elbdeich hatte zahlreiche Marken parat.

R. S. oben: Die von Fritz Schumacher
entworfene alte Feuerwehrwache, Am
Zollhafen 11, wurde 1927-28 errichtet.
Sie zeigt den Umschwung zum Neuen Bau-
en staatlicher Gebäude in den 20er Jahren.

R. S. unten: Der alte Veddeler Marktplatz
befand sich in direkter Nähe zu den Wohnhäusern an der Veddeler Brückenstraße.

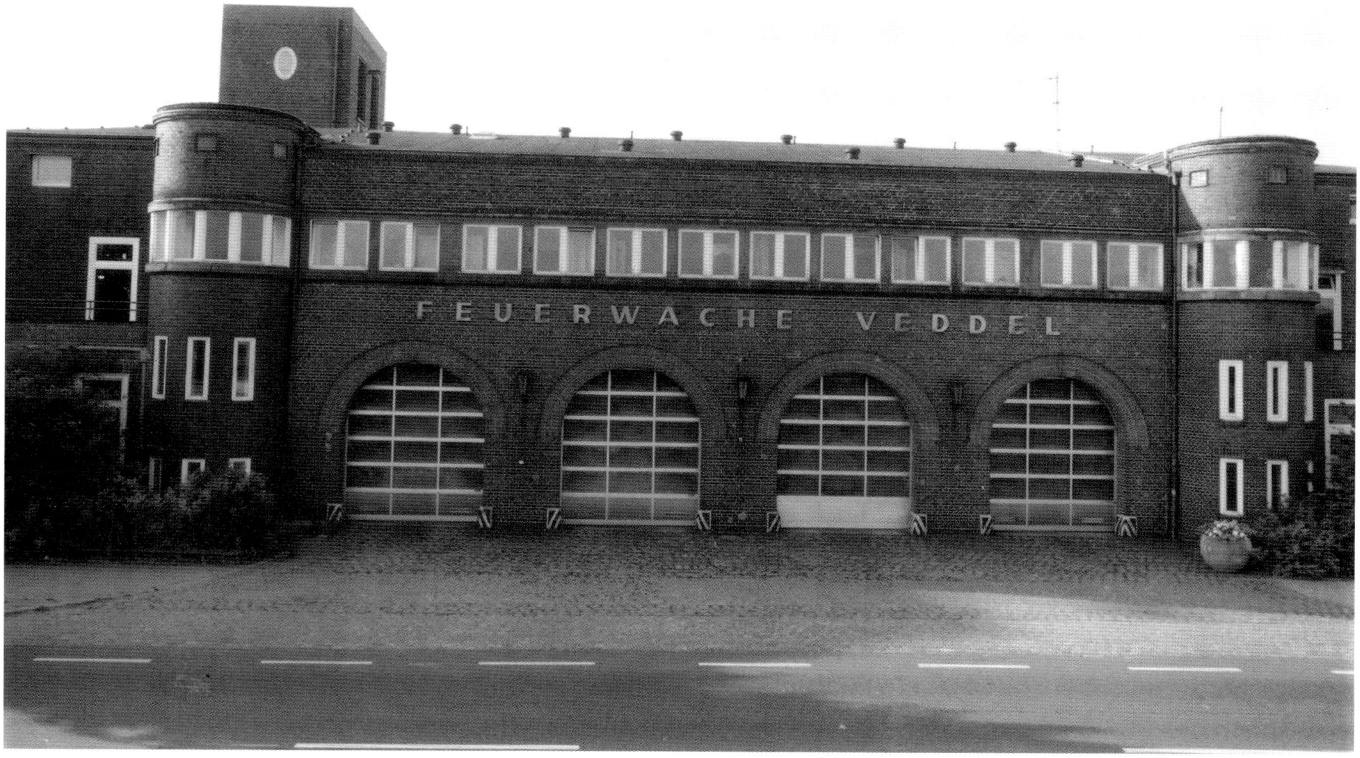
FEUERWACHE VEDDEL

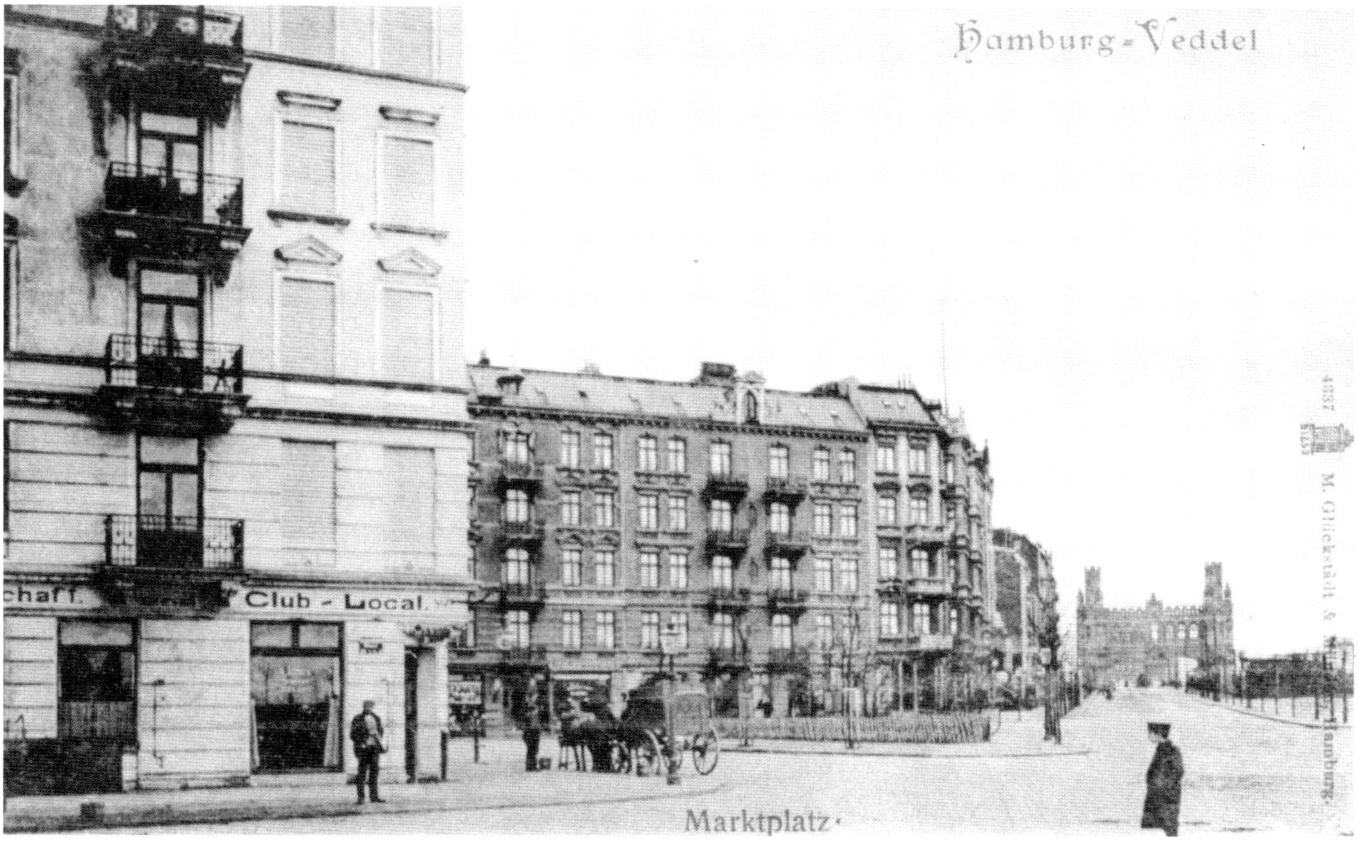
Hamburg-Veddel
Club - Local
Marktplatz
M. Glückstädt &
Hamburg

Der Müggenburger Kanal von der Müggenburger Schleuse aus gesehen. Er durchzieht die Peute, die 1866-93 durch Kanäle, Straßen und Aufhöhung des Geländes als Industriegebiet erschlossen wurde.

R. S. oben: Die Müggenburger Schleuse liegt idyllisch an der Norderelbe und trennt den Müggenburger Kanal vom Hauptstrom. Die 1904-06 erbaute Schleuse reguliert die Elbtiede. Der Kanal ermöglicht den Frachtschiffen die Zufahrt zu den zahlreichen auf der Peute gelegenen Gewerbebetrieben.

R. S. unten: Das Elbe-Gewerbe-Zentrum, Peutestraße 51-53, dient heute zahlreichen Firmen als Standort.

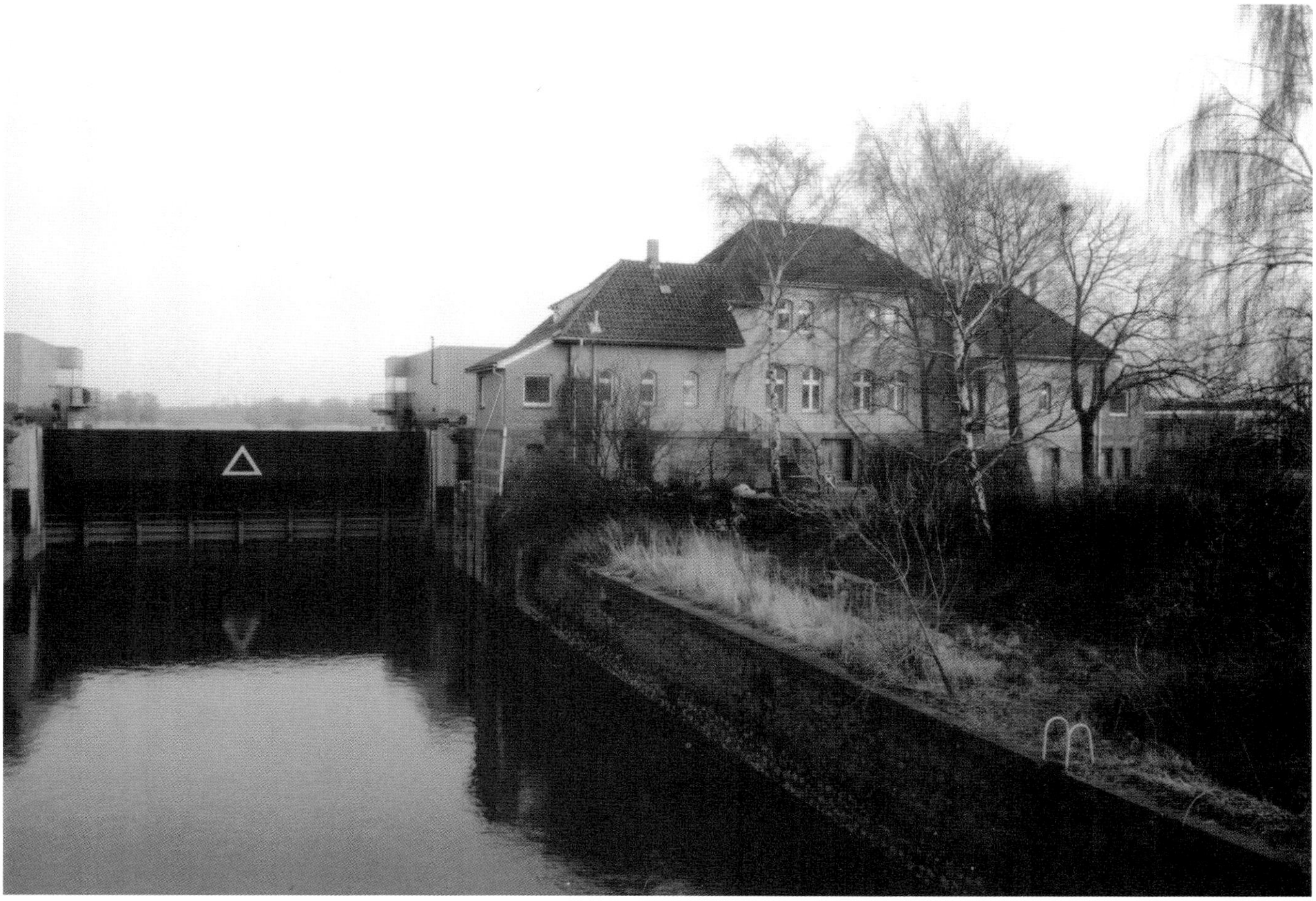

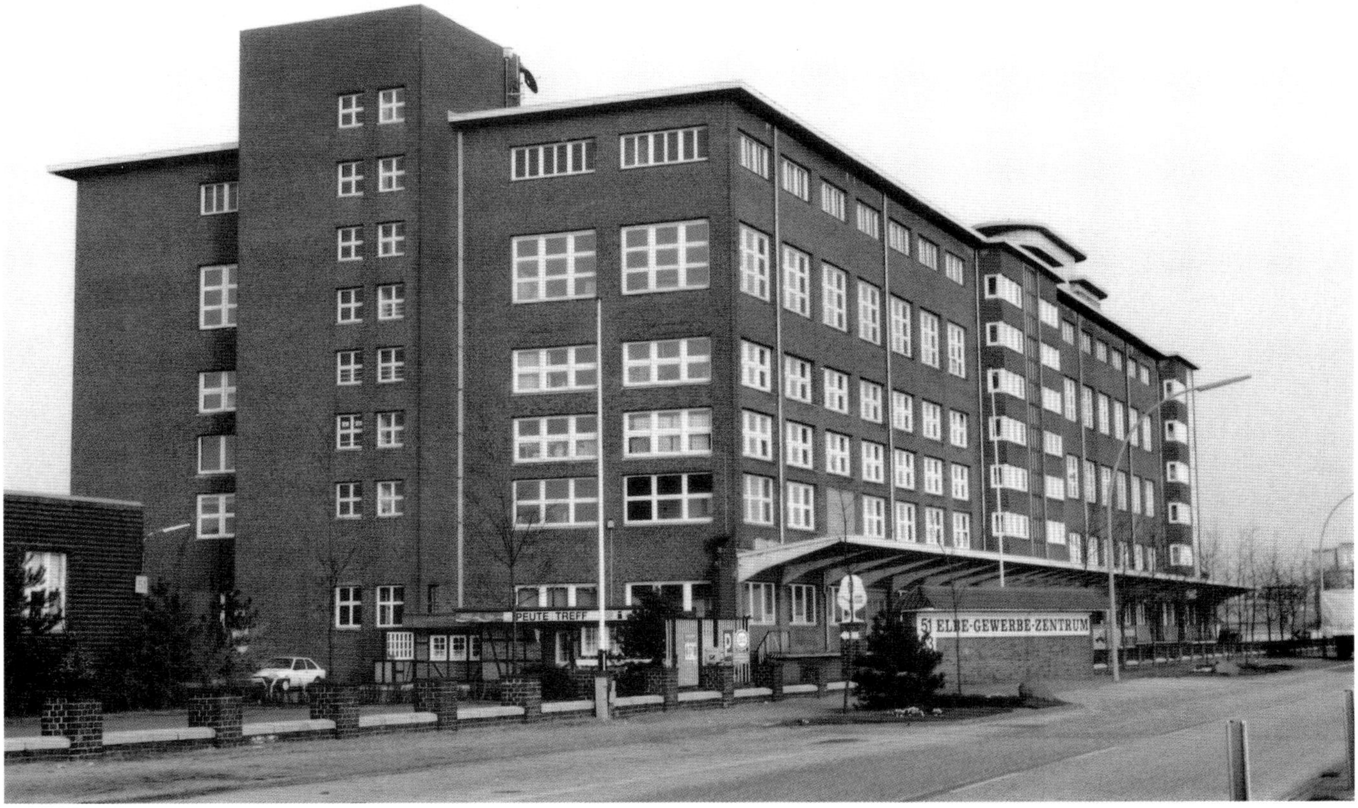
PEUTE TREFF
51 ELBE-GEWERBE-ZENTRUM

Mit der »Stadtwasserkunst« kam die Industrie

Der Wandel von Arbeit und Leben in Rothenburgsort zeichnet markant den Wandel der gesellschaftlichen Lebensverhältnisse nach. Vom Bauerndorf zum ausgedehnten Industriestandort einer Großstadt - stärker kann die Veränderung des Gesichts eines Stadtteils nicht sein. Während im Mittelalter die Bauern mit der Hand den Ertrag ihrer Scholle erwirtschafteten und zum Teil in Spanndiensten noch zusätzlich ihren Lehnsherren auf dem Feld verpflichtet blieben, wechselte schnell das Bild der Rothenburgsorter Struktur nach mehreren Flutkatastrophen im 17. Jahrhundert. Der Landwirt als prägender Bewohner des Billwärder Ausschlags wurde verdrängt. Rothenburgsort entwickelte sich zum überregionalen Ausflugsziel und zur grünen Lunge für wenige begüterte Kaufleute, die sich mit ihren Parks und Landschaftsgärten angenehmes Wohnen am Wasser sicherten.

Allerdings hielt das friedliche Antlitz des Stadtteils nicht lange vor. Die Ausdehnung der Metropole und Hafenstadt Hamburg erforderte große Flächen. Das nahe Rothenburgsort diente alsbald zur Unterbringung der Wohnbevölkerung. Der Standort wechselte erneute das Gesicht und avancierte zum Arbeiterquartier. Nicht allein zum Wohnen, auch zum Arbeiten lebten die einfachen Leute in Rothenburgsort. Mit dem Bau der Stadtwasserkunst 1848 kam die Industrieansiedlung mit Macht und forderte Entbehrungen. Der Wohnstandort verlor mit der zunehmenden Ansiedlung von Industriebetrieben seinen Reiz. Im Zuge des Juli-Bombardements des Zweiten Weltkrieges fiel zudem ein großer Teil der Reformwohnbauten der 1920er Jahre dem Bombenhagel zum Opfer. Der Weg zu einem industriellen Herz der Stadt war vorgezeichnet. Heute stellt Rothenburgsort mit einer großen Zahl gewerblicher und industrieller Betriebe eine der Lebensadern der Hansestadt dar.

Industrie und Wirtschaft

Die Ansiedlung und Entwicklung der Industrie in Rothenburgsort und auf der Veddel sei exemplarisch an drei Unternehmen mit langer Tradition und entsprechend mit den Orten eng verbundener Geschichte aufgezeigt:

The Lecithin people

Einer der angestammten Betriebe sind »The Lecithin people« von Lucas Meyer am Ausschläger Elbdeich. Firmengründer Lucas Meyer verschlug es bereits 1923 in die Hafenstadt. Der 30 Jahre alte Kapitän eines Segelschiffes erlebte im damaligen Frühjahr den Ruin seines Berufs. Der Hafen der Hansestadt hatte sich nicht vom Krieg erholt, Segelschiffe waren Mangelware. So blieb Meyer arbeitslos - es gab eben keine Aufgaben mehr für Segelschiff-Kapitäne.

Doch Lucas Meyer ließ sich nicht entmutigen. Wenn er schon nicht mehr über die Meere fahren sollte, wollte er doch weiter mit dem Wasser und dem maritimen Transportgeschäft zu tun haben.

Der Segler stellte sich im Frühsommer 1923 - mitten in der Hochinflation der jungen Weimarer Republik - auf seine eigenen Beine und gründete ein Exportgeschäft. Der neue Betrieb versendete vor allem Pharmazeutika nach Afrika und Südamerika. Der Export in diese fremden Länder kam nicht von ungefähr - der Kapitän hatte trotz seiner jungen Jahre schon viel von der Welt und ihren Kontinenten gesehen. Er wußte um die Mentalität fremder Nationen und kannte ihre Bedürfnisse. Der Handel des neuen Betriebs blühte bald auf. Erste Anlaufschwierigkeiten ließen sich rasch beseitigen, das Geschäft ging auf Erfolgskurs. Einige Pharma-Betriebe schätzten schnell den Sachverstand und die Umsicht des Exporteurs. Lucas Meyer wurde zum alleinigen Vertreter mancher Arzneimittelfirmen in den verschiedensten Ländern.

Sechs Jahre nach der Firmengründung hatte Lucas Meyer die Chancen des pharmazeutischen Handelsmarktes wohl ausgelotet und traf zusammen mit seinem Bruder Dr. Heinz Meyer-Carstens eine vorausschauende Entscheidung. Gemeinsam ließen die Brüder eine chemische Fabrik bauen - und spezialisierten sich auf eine Marktnische: Hergestellt wurden insbesondere Medikamente, die bisher noch keinen deutschen Fabrikanten gefunden hatten.

Mit diesem Schritt legte Meyer den Grundstein für das heute weltweit anerkannte Unternehmen am Ausschläger Elbdeich. Schon 1929 gehörte das damals relativ unbedeutende Lecithin zur Produktpalette der jungen Fabrikbesitzer. Lecithin, 1850 vom Franzosen Maurice Gobley entdeckt, dient vornehmlich zur Stabilisierung von Emulsionen und zur Kräftigung bei Erschöpfungszuständen. Doch zunächst waren den Chemikern diese Wirkungen noch verborgen. Bald aber, noch in den zwanziger Jahren, entwickelte eine Hamburger Ölmühle ein geeignetes Exktraktionsverfahren, um Lecithin aus der Sojabohne zu destillieren.

Eine historische Aufnahme der Lucas Meyer-Werke am Ausschläger Elbdeich. Sie sind unter ihrem berühmten englischen Namen bekannt geworden: Als »The lecithin people« versendet das Unternehmen seine Produkte auf Lecithin-Basis von Rothenburgsort in die ganze Welt. Die Werke sind im Stadtteil fest verankert: Vor dem Tor die Billwerder Bucht, dahinter die Stadtwasserkunst.

Das Werk heute: Zum alten Speicher sind moderne Gebäudekomplexe hinzugekommen. Angefangen hat Lucas Meyer 1923 mit einem kleinen Exportgeschäft für Pharmazeutika. Doch erst als der Exporteur mit seinem Bruder zusammen eine Chemiefabrik aufbaute und 1929 das relativ unbekannte Lecithin in die Produktpalette aufnahm, erlangte das Wirtschaftsunternehmen seinen Weltruf.

Das Ende des Zweiten Weltkriegs bedeutete wie für so viele Hamburger Unternehmen zunächst einmal den Produktionsstop. Lucas Meyers vortreffliche Beziehungen nach Übersee waren unterbrochen. Erst durch den Wiederaufbau mit Mitteln des Marshall-Plans kam wieder Schwung in das Geschäft. Lucas G. Meyer, der Sohn des Firmengründers, erhielt die Lizenz für eine geringe Einfuhr des begehrten Lecithins. Es galt den amerikanischen Sojabohnenproduzenten als Abfall - ein Glück für Lucas G. Meyer. Er gelangte so in den Besitz von großen Mengen des »Mülls« der Sojaherstellung.

Das Unternehmen konnte sich also auf weitere Absatzmärkte konzentrieren - nicht allein als pharmazeutisches Produkt, sondern auch als Zusatz für Lebensmittel oder Herstellungsverfahren erwies sich Lecithin als besonders geeignet. Firma »Lucas Meyer« beließ es nicht allein beim Erobern neuer Märkte - ein wesentlicher Verdienst von Firmeninhaber Lucas G. Meyer ist der Erfolg in der Forschung.

Das technische Know-how, um Lecithin zu selektieren, zu modifizieren und zu qualifizieren, beruht auf langjähriger wissenschaftlicher Arbeit von Lucas Meyer und verschiedenen Sojamühlen aus aller Welt. Die gezielt einsetzbaren Lecithine mit spezifischen Eigenschaften für die gewünschten Produktionen - sogenannte »System-Lecithine« - sind Essenz der Meyerschen Forschungsarbeit. Die Speziallaboratorien des Unternehmens arbeiten auch jetzt noch an der Verfeinerung, der Entwicklung und der Kontrolle weiterer Problemlösungen mit dem vielseitig nutzbaren Lecithin.

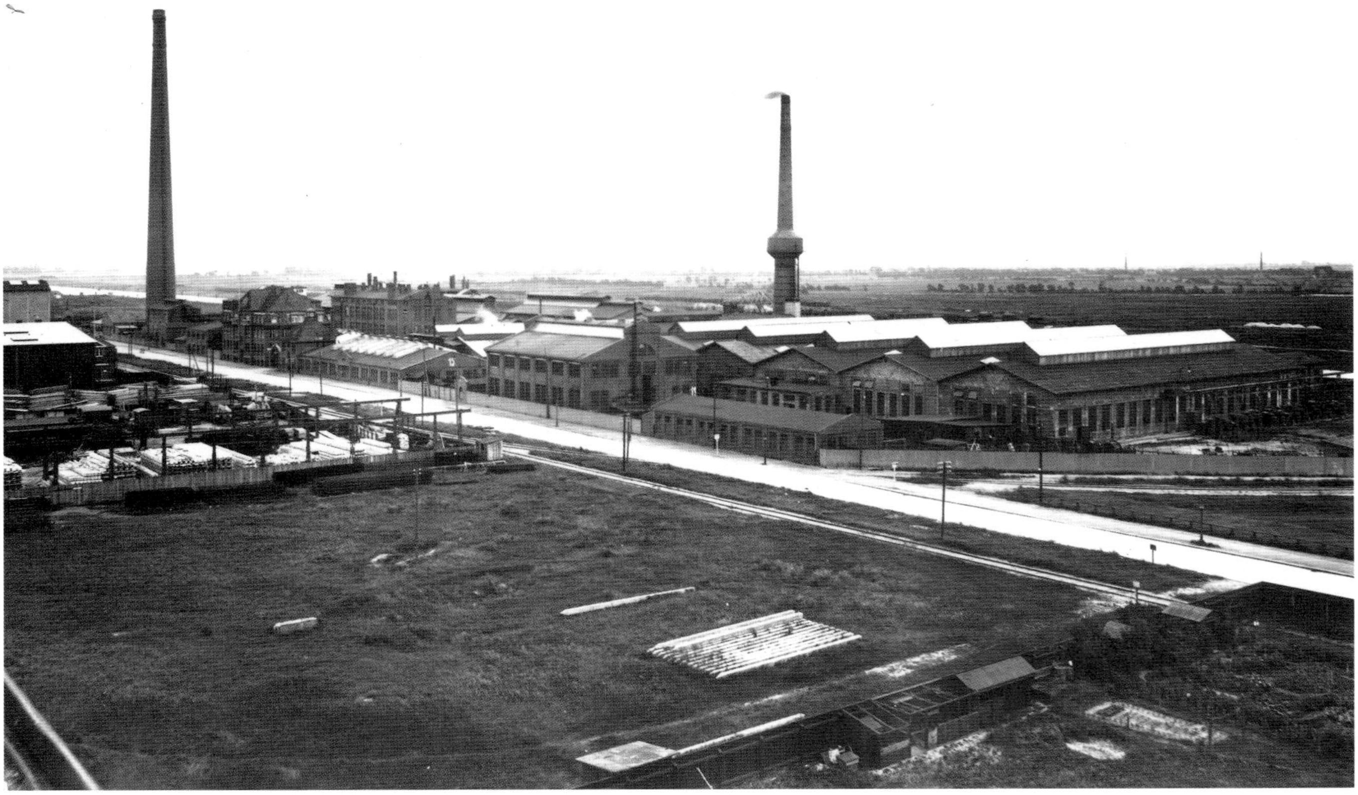

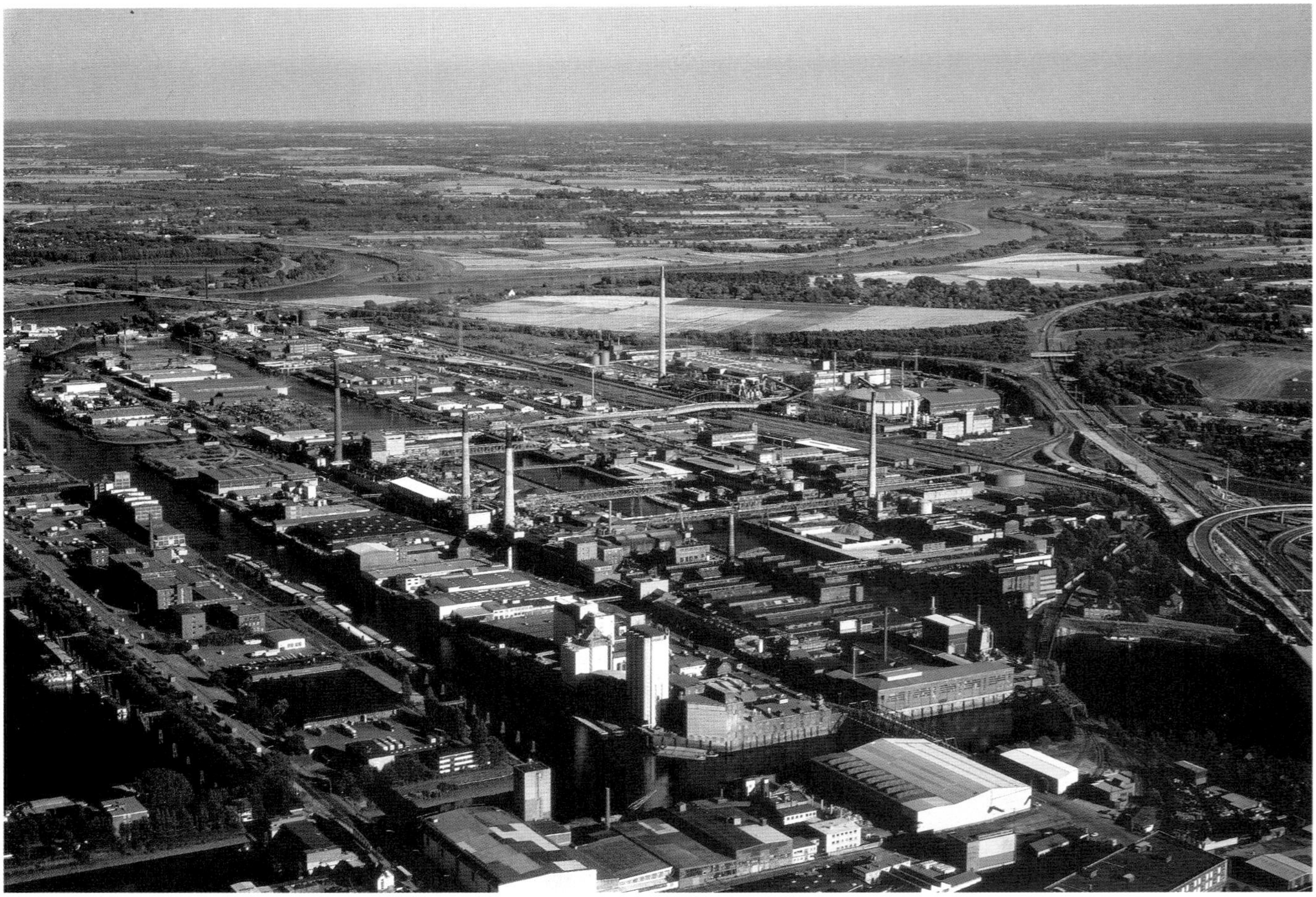

Die Norddeutsche Affinerie

Die Spuren der Norddeutschen Affinerie lassen sich bis ins 18. Jahrhundert zurückverfolgen, als sich die hanseatischen Kaufleute in arger Bedrängnis befanden. Durch schlechte Gold- und Silbermünzen mit einem drastisch reduzierten Edelmetallanteil war es zu einer Währungskrise gekommen, das Vertrauen in die Zahlungskraft der Kaufleute erschüttert.

Marcus Salomon Beit, Mitglied einer reputierlichen Kaufmannsfamilie, half seiner Zunft aus der Not. Er erwarb die Erlaubnis, einen Edelmetallscheidebetrieb in Altona zu errichten. Bald konnten wieder reine, unverfälschte Münzen geprägt werden.

Um die Mitte des 19. Jahrhunderts gründeten Verwandte Beits das Elbkupferwerk. Die Rohstoffversorgung stellte der daran mitbeteiligte Reeder Godeffroy durch Erzimporte aus Übersee sicher. 1866 entschlossen sich die Firmeninhaber zur Gründung einer Aktiengesellschaft - eben der Norddeutschen Affinerie. Dieses Unternehmen arbeitete enorm erfolgreich - leider ließ die innerstädtische Lage keine Erweiterung mehr zu.

Das Ende des 19. Jahrhunderts neu erschlossene Industriegebiet auf der Peute, einem damals noch unbewohnten Teil der Elbinsel, bot genügend Raum für ein modernes, großes Werk. Die verkehrsgünstige Lage, mit der Anbindung an den Hafen durch den Müggenburger Kanal und dem Anschluß an den Güterbahnhof Peute, war ein weiterer Vorteil für den Grundstoffhersteller, so verlegte man die Produktion.

Bereits 1910 ging die Elektrolyse zur Erzeugung hochreinen Kupfers auf elektrochemischem Wege in Betrieb.

Auch der Erste Weltkrieg konnte das Anwachsen des Werkes nicht aufhalten. Auf neu erworbenem Gelände kamen immer mehr Betriebe hinzu, die dem neuesten Stand der Technik angepaßt wurden. Das Produktionsprogramm wurde erweitert: neben Kupfer und Edelmetallen wurde eine Vielzahl chemischer Produkte angeboten.

Im Zuge des technischen Fortschritts wurden die Umweltschutzmaßnahmen ebenfalls immer umfassender. So ging zum Beispiel 1936 bei der Norddeutschen Affinerie die weltweit erste metallurgische Kontaktanlage zur Gewinnung von Schwefelsäure aus schwefelhaltigen Hüttenabgasen in Betrieb. Die Rücksicht auf umliegende Wohngebiete erforderte schließlich besondere Anstrengungen.

Ziel der Stadtplaner, allen voran des Oberbaudirektors Fritz Schumacher, war die Schaffung von Wohnraum in unmittelbarer Nähe zum Arbeitsplatz gewesen. So waren im Zuge des Reformwohnungsbaus ab den 20er Jahren in Rothenburgsort, Veddel und Wilhelmsburg ausgedehnte Wohngebiete um die Industriegebiete, zu denen auch die Affinerie als einer der wichtigsten Arbeitgeber im Hamburger Süden gehörte, herumgewachsen.

Im Zweiten Weltkrieg wurden bei den verheerenden Bombenangriffen im Juli 1943 nicht nur weite Teile von Rothenburgsort zerstört, sondern auch ein Teil der Werksanlagen der Norddeutschen Affinerie. Viele Mitarbeiter des Werkes und ihre Familien fanden dabei den Tod. Die Produktion mußte eingestellt werden.

Nach dem Krieg konnte die Affinerie, wie die umliegenden Wohngebiete auch, rasch wieder aufgebaut werden. In den nachfolgenden Jahrzehnten wurde das Werksgelände auf über einen Quadratkilometer ausgedehnt.

Von den 70er Jahren an kam im östlichen Teil ein ganz neuer Hüttenkomplex hinzu, mit einer umweltschonenden Rohhütte zur Gewinnung von Kupfer aus Erzkonzentraten, einer Gießwalzdrahtanlage und - seit 1989 - mit der modernsten Kupferelektrolyse der Welt.

Im Jubiläumsjahr 1991 hat die Norddeutsche Affinerie ein umfangreiches Modernisierungsprogramm abgeschlossen. Anlagen wie beispielsweise der Elektroofen, mit dem technologisches Neuland betreten wurde, aber auch die erweiterte Doppelkontaktanlage zur Schwefelsäuregewinnung, tragen zur drastischen Emissionssenkung bei. So können die Bewohner von Rothenburgsort heute auf einen der umweltschonendsten Kupferproduzenten der Welt blicken.

Schon 1918 betätigten die Arbeiter der Norddeutschen Affinerie für die damalige Zeit hochmoderne Technik: Die bereits 1910 in Betrieb genommene Elektrolyse zur Erzeugung hochreinen Kupfers auf elektrochemischem Weg.

R. S. oben: Einer der größten deutschen Futtermittelhersteller aus der Vogelperspektive - an der Hoverstraße auf der Veddel steht eine der zentralen Produktionsstätten der »Club-Kraftfutterwerke«.

R. S. unten: Die »Club-Kraftfutterwerke« in den 30er Jahren. Derzeit wurde eine Futtermittelproduktion von 500 Tonnen im Jahr bewältigt. Heute kommt der Futtermittelhersteller jährlich auf Rund eine Million Tonnen Eiweißkonzentrate. Nicht umsonst hat der alte Slogan »Club-Kraft Eier schafft« immer noch seine Gültigkeit.

Die Club-Kraftfutterwerke

Ein berühmter Kraftfutterhersteller hat seit weit über 60 Jahren seinen Standort auf der Veddel, der wasserseitigen Nachbarin von Rothenburgsort. Die »Club-Kraftfutterwerke« wurden 1927 unter dem damaligen Dach der Firma von Albert O. Petersen zusammen mit dem Club der Geflügelzüchter aus der Taufe gehoben. Das Werk auf der Veddel sollte ein besonderes Eiweißkonzentrat herstellen. Das Motto der Geflügelzüchter war klar: Die Gewinnung eines guten Kraftfutters für ihre Hühner. Nicht umsonst hat sich der damalige Slogan »Clubkraft Eier schafft« bis in die heutige Zeit gehalten.

Das Werk von Albert O. Petersen ging bereits zehn Jahre nach seiner Gründung an den engagierten und gewandten Hamburger Unternehmer Alfred C. Toepfer. Der Mäzen führte den Betrieb bis zum Krieg - dann wurde die Produktion lahmgelegt.

Erst nach dem Krieg konnten die Kraftfutterwerke ihre Fabrikation wieder aufnehmen. Der neue Inhaber hieß nun Ernst von der Beeck. Unter seiner Regie entstanden neue Produktionsstätten in Regensburg und Mannheim. Während zu Beginn der 30er Jahre gerade 500 Tonnen Eiweißkonzentrate jährlich hergestellt wurden, kommt das Werk heute auf eine Million Tonnen Produktionskapazitäten. Selbst der vernichtende Brand eines Getreidespeichers 1964 auf der Veddel konnte den Expansionswillen der Firma nicht bremsen. Im Gegenteil: Die Mitarbeiter des Betriebes machten den Millionenschaden mit verlängerten Arbeitsschichten wieder wett.

1972 erhielt die Firma endgültig ihren Namen »Club-Kraftfutterwerke«. Die Expansion ging weiter. Betriebe in Holland wurden aufgekauft, drei Werke in Wilhelmsburg übernommen und in anderen Städten neue Stätten der Herstellung errichtet. Die »Club-Kraftfutterwerke« stellen heute eine beachtliche Angebotsvielfalt her. Über 200 verschiedene Futtersorten für sämtliche Nutztierarten, aber auch das Futter für Heimtiere werden durch spezielle Veredlungspraktiken verfeinert und weiterentwickelt. Die ständige Modernisierung und Neugestaltung der Werke macht »Club-Kraftfutter« auf der Veddel zu einem Marktführer seiner Branche.

Quellen- und Literaturverzeichnis

Hinrichsen, Hermann: Die Bille mit ihren Hamburger Wohnvierteln - Wandlung eines Flußidylls, Hamburg 1983

Hipp, Hermann: Freie und Hansestadt Hamburg; Köln 1989

Jochmann, Werner, Hrsg.: Hamburg - Geschichte der Stadt und ihrer Bewohner; Hamburg 1986

Kleßmann, Eckart: Geschichte der Stadt Hamburg; Hamburg 1981

Krogmann, Carl Vincent: Geliebtes Hamburg; Hamburg 1955

Loose, Hans-Dieter, Hrsg.: Hamburg - Geschichte der Stadt und ihrer Bewohner; Hamburg 1982

Stephan, Rolf: Hamburg - ehemals, gestern und heute; Stuttgart/ Hamburg 1989

Diverse Dokumente des Staatsarchivs

Schriften des Bürgervereins

Karte Seite 2/3: Alle Rechte bei der Falk-Verlag Gmbh

Bildnachweis

Aktuelle Aufnahmen:
Stephan Bülow

Foto Seite 39 unten:
Hans Joachim Bremer

Aktuelle Luftaufnahmen:
Hanseatische Luftfoto GmbH, S. 46/47, 54/55

Historische Aufnahmen:
Archiv Hans-Joachim Brehmer

Für Informationen und tatkräftige Unterstützung danken wir ganz besonders: Hans-Joachim Brehmer (ohne dessen Einsatz dieses Buch nicht entstanden wäre), der GWG Hamburg, Dr. Maria Lahaye-Geusen von der Norddeutschen Affinerie, der Club-Kraftfutterwerke GmbH und der Lucas Meyer GmbH & Co KG.

»Im Medien-Verlag Schubert erscheint eine bemerkenswerte Buchreihe über verschiedene Hamburger Stadtteile. [...] Die Ausgaben stellen die Wandlungsfähigkeit unserer Stadt dar. Sie sind eine Freude für jeden heimatkundlich Interessierten.« Die Empfehlung des Buchhändlers, Hamburger Abendblatt

Das Alstertal im Wandel

... erzählt von der Geschichte des abwechlungsreichen Naherholungsgebiets der Hamburger. Historisch und farbig aktuell präsentieren sich die mit dem Alsterlauf eng verbundenen, einstigen Dörfer Poppenbüttel, Wellingsbüttel, Klein Borstel und Hummelsbüttel. 96 S.; ca. 100 Abb. (farbig u. s/w); ISBN 3-929229-02-1

Eimsbüttel im Wandel

Vom Lustdorf zum modernen Stadtteil - historische Perspektiven und aktuelle Ansichten dokumentieren die wechselvolle Geschichte Eimsbüttels in überraschenden Gegenüber stellungen. Auf 96 Seiten mit ca. 120 Abbildungen (farbig und s/w) kann der Leser die rasante Entwicklung in Wort und Bild miterleben. ISBN 3-9802319-9-2

Winterhude im Wandel

Kaum ein Stadtteil verbindet soviele Gegensätze wie Winterhude: Parkanlagen und Kanäle gegenüber enger Mietshausbebauung, hochherrschaftliche Villen als Kontrast zu idyllischen Bleicherhäusern und der City Nord. Den Wandel vom einst abseits gelegenen Bauerndorf dokumentieren 104 S. sowie ca. 130 Abb. (farbig und s/w). ISBN 3-929229-00-5

Ahrensburg im Wandel

Von der Burg zum Dorf, vom lieblichen Tal der Aue mit Dorf und Poststation bis zur Kleinstadt auf dem Weg in die Moderne beschreiben 96 S. die »Stationen« Ahrensburgs; ca. 130 Abb. (farb. u. s/w); ISBN 3-9802319-8-4

Rothenburgsort (Veddel) im Wandel

Zahlreiche unveröffentlichte historische und aktuelle Bilder - auch von der Veddel - beschreiben die Entwicklung zum heutigen Stadtteil. 88 S.; ca 110 Abbildungen (farb. u. s/w); ISBN 3-9802319-6-8

Die Elbvororte im Wandel I

In diesem Band der Reihe präsentieren sich Blankenese, Rissen, Sülldorf und Iserbrook von ihrer historischen und aktuellen Seite zugleich. 112 S.; ca. 150 Abb. (farbig u. s/w); ISBN 3-929229-01-3

Barmbek

Barmbek, Uhlenhorst im Wandel

Barmbek (Uhlenhorst) im Wandel
150 Seiten berichten vom einst idyllischen Bauerndorf und heutigen Stadtteil. 129 Abb., ISBN 3-9802319-2-5

Wandsbek

Wandsbek, Marienthal, Eilbek im Wandel

Wandsbek (Eilbek) im Wandel
Dorf, eigenständige Stadt, Stadtteil: mit Spannung kann der Leser die Entwicklung Wandsbeks von der Gründung bis in die heutige Zeit verfolgen. Tycho Brahe und Matthias Claudius machten Wandsbek weltbekannt. 132 Abbildungen; 158 S.; ISBN 3-9802319-1-7

Bramfeld

Bramfeld/Steilshoop im Wandel

Bramfeld (Steilshoop) im Wandel
138 historische und aktuelle Abbildungen beschreiben die Entwicklung zum Stadtteil. 124 Seiten; ISBN 3-9802319-0-9

Niendorf, Lokstedt, Schnelsen im Wandel

Ein lange erwarteter Titel, den der MVS in Kürze präsentieren wird. Die drei Stadtteile werden auf 96 Seiten mit etwa 120 farbigen und schwarzweißen Abbildungen beschrieben. Doch auf ein Wort: Auch hier handelt es sich eigentlich nicht um bloße S/W-Illustrationen. Eine aufwendige Duoton-Technik gibt insbesondere den historischen Aufnahmen ihr »natürlich« vergilbtes Aussehen. Wie bei allen Büchern des Medien-Verlags Schubert wird bei diesem Band ebenfalls nicht gespart. Bestes, **chlorfrei gebleichtes** Kunstdruck-Papier und ein fester Einband sorgen für umweltschonende, solide Langlebigkeit.

Die Walddörfer
Volksdorf, Bergstedt
Duvenstedt, Lemsahl - Mellingstedt
Wohldorf - Ohlstedt

im Wandel

Uwe Schubert

Die Walddörfer im Wandel
Die Walddörfer waren jahrhundertelang eine Exklave Hamburgs. Herrenhaus, Museumsdorf, herrschaftliche Villen, Bauernhöfe und viel Natur: Begriffe, die die einstigen Hamburger Vororte auch heute noch charakterisieren. Volksdorf, Bergstedt, Duvenstedt, Lemsahl-Mellingstedt und Wohldorf-Ohlstedt präsentieren sich hier auf 104 Seiten und 130 historischen sowie aktuellen Abbildungen (farbig und s/w). Zahlreiche Luftaufnahmen (historisch und aktuell) ergänzen das bodenständige Bildmaterial. ISBN 3-9802319-4-1

Flensburg (Glücksburg, Holnis) im Wandel
Die Fördestadt, ihre Sehenswürdigkeiten und Menschen zeigen neben historischen Bildern seltene Aufnahmen des »Stadtfotografen« Thomas Raake, von malerisch verträumt bis spritzig maritim, mit berühmten Höfen und dem Schloß Glücksburg. 96 S., 99 Abb. (farbig und s/w); ISBN 3-9802319-7-6

Harburg im Wandel
Burg, Industrie und Wohnkultur am malerischen Elbstrom. »Es ist ein sachliches, in seiner Schlichtheit bestechendes, in seiner Aussagekraft überzeugendes, in der Auswahl äußerst vielfältiges zeitgemäßes Buch.« Harburger Anzeigen und Nachrichten; 96 S.; 114 Abb. (farbig und s/w); ISBN 3-9802319-5-X

Eppendorf im Wandel
»Dieses Buch gewinnt seinen Charme aus der Gegenüberstellung des alten und des neuen Eppendorfs. Und auch der Kenner des Stadtteils wird manch ein historisches Foto finden, das er noch nicht gesehen hat.« Kurt Grobecker, Norddeutscher Rundfunk, Hamburg-Welle; 112 S.; 159 Abb. (farb. u. s/w); ISBN 3-9802319-3-3